FRANZÖSISCH

Reisen mit Insider Tipps

■ Amtssprache Französisch

> Worte verbinden, Worte erschließen neue Welten, Worte lassen Sie einfach mehr erleben.

Und damit Sie auch immer die richtigen finden, haben wir Ihnen die wichtigsten für Ihren Ausflug in eine fremde Kultur und Sprache zusammengestellt.

Und sollten Sie einmal sprachlos sein, dann helfen Ihnen unsere Zeigebilder unkompliziert weiter.

Wir wünschen Ihnen viel Spaß auf Ihrer Reise!

www.marcopolo.de/franzoesisch

FRANZÖSISCH

Wie viel kostet es?
Combien ça coûte?
[kongbjäng sa kut]

> EINFACHE AUSSPRACHE

Keine Scheu einfach loszulegen:
Für die korrekte Aussprache sorgt die einfache Lautschrift – bei sämtlichen Wörtern, Begriffen und Formulierungen.

> ZEIGEBILDER

Bilder machen die Verständigung noch leichter. Ob beim Shoppen, im Restaurant, im Hotel oder bei Fragen zum Auto: unsere Zeigebilder helfen in jedem Fall schnell weiter.

> SCHNELL NACHGESCHLAGEN

VON A–Z
Die wichtigsten Themen alphabetisch sortiert:
Vom Arztbesuch bis zum Telefongespräch.

WÖRTERBUCH
Hier finden Sie die 1333 wichtigsten Begriffe. Einfach praktisch!

■ DAS WICHTIGSTE AUF EINEN BLICK:
DIE STANDARDS
WIE BITTE?
ZAHLEN, MASSE, GEWICHTE
ZEITANGABEN
RICHTUNGSANGABEN .... **UMSCHLAG**

■ FARBEN, MUSTER, MATERIALIEN 4
■ AUSSPRACHE 5

■ REISEPLANUNG 6

■ IM GESPRÄCH 10
■ UNTERWEGS 20
■ ESSEN UND TRINKEN 36

INHALT

> SPEISEKARTE
Mit Spaß bestellen und mit Genuss essen – denn für Sie ist die Speisekarte in Landessprache ab jetzt kein Buch mit sieben Siegeln mehr.

> VOLLES PROGRAMM
Kultur oder Action, Sprach- oder Kochkurs, Tauchen oder Theaterabend: Formulierungen die dafür sorgen, dass Ihr Urlaub noch spannender wird.

> WIE DIE EINHEIMISCHEN
Insider Tipps Damit Sie als echter Insider gelten, nicht als Tourist.

BLOSS NICHT!
Hilft, Fettnäpfchen zu vermeiden.

ACHTUNG! SLANG
Einheimische noch besser verstehen!

■ **EINKAUFEN**	**54**
■ **ÜBERNACHTEN**	**68**
■ **VOLLES PROGRAMM**	**78**
■ **VON A-Z**	**90**
■ **IMPRESSUM**	106
■ **WÖRTERBUCH**	107
■ **BLOSS NICHT!**	124
■ **ACHTUNG! SLANG**	**125**
■ **DAS WICHTIGSTE AUF EINEN BLICK: WER, WIE, WAS? DIE WICHTIGSTEN FRAGEN**	**UMSCHLAG**

2 | 3

■ WORTLOS GLÜCKLICH: ZEIGEBILDER ■

Farben, Muster, Materialien helfen Ihnen beim Einkaufen. Weitere Helfer für (fast) jede Gelegenheit finden Sie in diesem Sprachführer.

> www.marcopolo.de/franzoesisch

AUSSPRACHE

Zur Erleichterung der Aussprache sind alle französischen Wörter und Wendungen zusätzlich mit einer einfachen Aussprache (in eckigen Klammern) versehen. Die Buchstaben in der Aussprache werden ausgesprochen wie im Deutschen. Im Französischen gibt es allerdings eine Reihe von nasal ausgesprochenen Vokalen.
Man spricht sie am besten mit zugehaltener Nase oder mit Schnupfen aus. Diese Nasallaute sind besonders schwierig in der Lautschrift darzustellen. Um aber auf Sonderzeichen, die das Aussprechen oft noch komplizierter werden lassen, zu verzichten, wurden diese Nasallaute mit «ang», «äng», «ong» und «öng» umschrieben. Dazu folgende Beispiele:

[ang]	wie in re**nd**ez-vous [rangdehwu], restaur**ant** [rästorang]
[äng]	wie in b**ien** [bjäng], terr**ain** [täräng]
[ong]	wie in B**on**bon, n**on** [nong], b**on**jour [bongschur]
[öng]	wie in quelqu'**un** [kälköng] (jemand)
[_]	Bindung zwischen zwei Wörtern, z. B. des yeux [dehs_jöh]

Beachten Sie:
Ein „h" in der Aussprache bedeutet, dass der vorangehende Vokal lang ausgesprochen wird, z. B. monsieur [mösjöh]. Es ist kein Hauchlaut: die Franzosen können kein „h" wie z. B. in „Haus" aussprechen!

DAS ALPAHBET

A	[a]	H	[asch]	O	[oh]	V	[weh]
B	[beh]	I	[i]	P	[peh]	W	[dublöweh]
C	[seh]	J	[schi]	Q	[kü]	X	[iks]
D	[deh]	K	[ka]	R	[är]	Y	[igräk]
E	[ö]	L	[äl]	S	[äs]	Z	[säd]
F	[äf]	M	[äm]	T	[teh]		
G	[scheh]	N	[än]	U	[ü]		

ABKÜRZUNGEN

adj	Adjektiv	Mlle	Fräulein (Mademoiselle)
adv	Adverb	Mme	Frau (Madame)
etw	etwas	pl	Plural
f	weiblich	qc	etwas (quelque chose)
jdn	jemanden	qn	jemanden (quelqu'un)
m	männlich	s.t.p.	bitte (Du) (s'il te plaît)
M	Herr (Monsieur)	s.v.p.	bitte (Sie) (s'il vous plaît)

> EXTRABETT IN STRANDNÄHE

Ob Sie ein Traumhotel am Meer suchen oder ein Zusatzbett im Zimmer brauchen: Formulieren Sie Ihre Urlaubswünsche per E-Mail, Fax oder am Telefon – und gehen Sie entspannt auf Reisen.

BUCHUNG PER E-MAIL

■ HOTEL | HÔTEL [otel]

Sehr geehrte Damen und Herren,
am 28.-30. Juni benötige ich für zwei Nächte ein Einzel-/Doppel-/Zweibettzimmer. Ich bitte Sie um Bestätigung mit Preisangabe für die zwei Nächte mit Frühstück. Ich bedanke mich im Voraus.
Mit freundlichen Grüßen

REISE PLANUNG

Madame, Monsieur,
Je voudrais réserver une chambre simple / double / twin pour 2 nuits du 28 au 30 juin. Je vous serais reconnaissant/e de me confirmer cette réservation et de me donner le prix pour les deux nuits, petit-déjeuner inclus. Je vous remercie d'avance.
Meilleures salutations

MIETWAGEN | VOITURES DE LOCATION [wuatür dö lokasjong]

Sehr geehrte Damen und Herren,
für den Zeitraum vom 20.-27. Juli möchte ich einen Kleinwagen / Mittelklassewagen / einen

7-sitzigen Van vom Flughafen Nizza mieten. Ich möchte den Wagen in Paris-Charles de Gaulle abgeben, da ich von dort abfliege. Bitte teilen Sie mir Ihre Tarife mit und welche Unterlagen ich benötige.
Mit freundlichen Grüßen

Madame, Monsieur,
Je voudrais louer une petite voiture / voiture de classe moyenne / un monospace (pour 7 personnes) du 20 au 27 juillet à l'aéroport de Nice. Je souhaite rendre la voiture à Paris-Charles de Gaulle, puisque je repartirai de là-bas. Pourriez-vous m'informer de vos tarifs et me dire quels papiers il me faudra produire?
Meilleures salutations

FRAGEN ZUR UNTERKUNFT

Ich habe vor, meinen Urlaub in Ihrer Gegend zu verbringen. Könnten Sie mir Informationen über Unterkünfte geben?	J'ai l'intention de passer mes vacances dans votre région. Pourriez-vous me donner des renseignements sur les possibilités de logement? [schä längtangsjong dö paseh meh wakans dang votrö rehschjong. purjehwu mö doneh dehs_ängformasjong sür leh posibiliteh dö loschmang]
Ist es zentral/ruhig/ in Strandnähe gelegen?	Est-ce que c'est central/calme/près de la plage? [äs_kö sä sangtral/kalm/präd_la plasch]
Wie viel kostet das pro Woche?	Quel est le prix pour une semaine? [quäl_ä lö pri pur ün somän]
Ist diese Unterkunft im Internet zu finden?	Est-ce qu'on peut trouver cette location dans Internet? [äs_kong pö truveh sät_lokasjong dang ängtärnät]
Hotel	un hôtel [ängn_otel]
Pension	une pension [ün_pangsjong]
Zimmer	une chambre chez l'habitant [ün schangbr scheh labitang]
Ferienwohnung	une location [ün lokasjong]

HOTEL – PENSION – ZIMMER
HÔTEL – PENSION – CHAMBRE [otäl – pangsjong – schangbr]

 Übernachtung: Seite 68 ff.

Ich suche ein Hotel, jedoch nicht zu teuer – etwas in der mittleren Preislage.	Je cherche un hôtel pas trop cher – quelque chose dans des prix moyens. [sche schärsch_ängn_otäl pa tro schär – kälkö schos dang deh pri muajäng]

> *www.marcopolo.de/franzoesisch*

REISEPLANUNG

Ich suche ein Hotel mit ...	Je cherche un hôtel avec … [sche schärsch_ängn_otäl aväk]
Wellnessbereich.	espace de remise en forme [äspas dö römis_ang form]
Swimmingpool.	piscine [pisin]
Golfplatz.	golf [golf]
Tennisplätzen.	courts de tennis [kur dö tehnis]
Wissen Sie, wo ich ein schönes Zimmer finden könnte?	Vous savez où je pourrais trouver une belle chambre d'hôte? [wu saweh u schpurä truweh ün bäl schangbrö dot]
Ist es möglich, ein weiteres Bett in einem der Zimmer aufzustellen?	Est-ce qu'on peut rajouter un lit dans la chambre? [äs_kong pö raschuteh äng li dang la schangbr]

FERIENHÄUSER/FERIENWOHNUNGEN
MAISONS/APPARTEMENTS DE VACANCES [mäsong / apartömang dö wakangs]

 Übernachtung: Seite 74 f.

Ich suche eine Ferienwohnung oder einen Bungalow.	Je cherche une location pour les vacances: un appartement ou un bungalow [schö schärsch_ün lokasjong pur leh wakangs : ängn_apartömang u äng bänggaloh]
Gibt es ...?	Est-ce qu'il y a ...? [as_kil ja]
eine Küche	une cuisine [ün küisin]
eine Spülmaschine	un lave-vaisselle [äng law wäsäl]
einen Kühlschrank	un frigo [äng frigoh]
eine Waschmaschine	une machine à laver [ün maschin_a laweh]
einen Fernseher	une télé(vision) [ün tehleh(wisjong)]
Sind die Stromkosten im Preis enthalten?	Est-ce que l'électricité est comprise dans le prix ? [äs_kö lehläktrisiteh ä kongpris dangl_pri]
Werden Bettwäsche und Handtücher gestellt?	Est-ce qu'il y a des draps et des serviettes? [äs_kil_ja deh dra eh deh särvjät]
Wie viel muss ich anzahlen und wann ist die Anzahlung fällig?	Combien d'arrhes faut-il verser et jusqu'à quelle date? [kongbiäng dar fot_il wärseh eh schüska käl dat]
Wo und wann kann ich die Schlüssel abholen?	Où et quand puis-je venir chercher les clés? [u eh kang püisch wenir schärscheh leh kleh]

CAMPING | CAMPING [kangping]

Ich suche einen schönen Campingplatz (am Wasser).	Je cherche un camping (au bord de l'eau). [schö schärsch_äng kangping (oh bor dö loh)]
Können Sie mir etwas empfehlen?	Est-ce que vous pouvez me recommander quelque chose ? [äs_kö wu puvehm_röcomangdeh kälköschos]

8 | 9

> MEHR ERLEBEN

Nur keine Scheu! Der Smalltalk im Café, die Plauderei beim Einkauf, der Flirt beim Clubben – reden Sie drauflos, es ist einfacher als Sie denken! Und macht die Reise erst so richtig spannend.

■ BEGRÜSSUNG | SALUTATIONS [salütasjong]

Guten Morgen/Guten Tag!	Bonjour! [bongschur]
Guten Abend!	Bonsoir! [bongsuar]
Hallo!/Grüß dich!	Salut! [salü]
Wie geht es Ihnen?	Comment allez-vous? [komangt_aleh wu]
Wie geht es dir?	Comment va-tu? [komang wa tü]
Und Ihnen?	Et vous-même? [eh wu mäm]
Und dir?	Et toi? [eh tua]

IM GESPRÄCH

■ **MEIN NAME IST ...** | JE M'APPELLE ... [schö mapäl]

Wie ist Ihr Name, bitte?	Comment vous appelez-vous? [komang wus_apleh wu]
Wie heißt du?	Comment tu t'appelles? [komang tü tapäl]
Es freut mich, Sie kennen zu lernen.	Enchanté/e. [angschangteh]
Darf ich bekannt machen?	Puis-je faire les présentations? [püisch fär leh prehsangtasjong]
Das ist ...	
Frau X.	Madame X. [madam]
Herr X.	Monsieur X. [mösjöh]

AUF WIEDERSEHEN! | AU REVOIR! [oh röwuar]

Tschüss!	Au revoir [oh_rwuar]
Bis später!	A tout à l'heure! [a tut_a lör]
Bis morgen!	A demain! [a dmäng]
Bis bald!	A bientôt! [a bjängtoh]
Gute Nacht!	Bonne nuit! [bon nüi]

BITTE | JE VEUX BIEN [schwöh bjäng]

Darf ich Sie um einen Gefallen bitten?	Est-ce que je peux vous demander un petit service? [äs_kösch pöh wu dmangdeh äng pti särwis]
Können Sie mir bitte helfen?	Vous pouvez m'aider, s.v.p.? [wu puweh mehdeh sil wu plä]
Gestatten Sie?	Vous permettez? [wu pärmehteh]
Bitte sehr./Gern geschehen.	Mais, je vous en prie./De rien. [mä schwus_ang pri/dö rjäng]
Mit Vergnügen!	Avec plaisir! [awäk plehsir]

DANKE! | MERCI! [märsi]

Vielen Dank!	Merci beaucoup! [märsi bohku]
Danke, sehr gern!	Merci, bien volontiers! [märsi bjäng wolongtjeh]
Nein, danke!	Non, merci! [nong märsi]
Danke, gleichfalls!	Merci, vous de même/vous aussi! [märsi wud mäm/wu ohsi]
Das ist nett, danke.	C'est gentil, merci! [sä schangti märsi]

ENTSCHULDIGUNG! EXCUSEZ-MOI/EXCUSE-MOI! [äksküseh mua/äksküs mua]

Es tut mir leid.	Je suis navré/désolé. [schö süi nawreh/ dehsoleh]
Schade!	Dommage! [domasch]

ALLES GUTE! | TOUS NOS VOEUX [tu noh wö]

Herzlichen Glückwunsch!	Toutes mes félicitations! [tut meh fehlisitasjong]
Alles Gute zum Geburtstag!	Bon anniversaire! [bon_aniwärsär]
Viel Erfolg!	Bonne chance! [bon schangs]
Viel Glück!	Bonne chance! [bon schangs]
Hals- und Beinbruch!	Merde à la puissance treize! [märd a la püisangs träs]

> *www.marcopolo.de/franzoesisch*

IM GESPRÄCH

■ KOMPLIMENTE | COMPLIMENTS [kongplimang]

Wie schön!	Très bien! [trä bjäng]
Das ist wunderbar!	C'est formidable! [sä formidabl]
Sie sprechen sehr gut Deutsch.	Vous parlez très bien allemand. [wu parleh trä bjäng almang]
Sie sehen gut aus!	Vous avez bonne mine [wus_aweh bon min]
Ich finde Sie sehr sympathisch.	Je vous trouve très sympathique [schö wu truw trä sängpatik]

angenehm	agréable [agrehabl]
ausgezeichnet	excellent [äksälang]
beeindruckend	impressionnant [ängpräsjonang]
freundlich	aimable [ämabl]
hübsch	joli [scholi]
lecker	délicieux [dehlisjö]
schön	beau [boh]

WIE DIE EINHEIMISCHEN

bonjour monsieur

Insider Tipps

▶ Bonjour Monsieur ~~Dupont~~

Ihre Feriennachbarn sind Franzosen, und Sie möchten sie so gern mit Namen anreden ... Stopp! Es ist in Frankreich unhöflich, flüchtige Bekannte mit Nachnamen anzureden. *Bonjour Madame, Bonjour Monsieur* [bongschur madam bongschur mösjö] (*Bonjour* = Guten Tag) ist außerdem viel einfacher.

▶ Anrede

Über das Siezen und Duzen (*Tutoiement et vouvoiement* [tütwamang eh wuwuamang]) brauchen Sie sich in Frankreich keine Gedanken zu machen, hier gibt es keine großen Unterschiede zum Deutschen. Auffällig ist vielleicht, dass man sich in Frankreich – vor allem in der Berufswelt – häufig mit dem Vornamen anredet und dabei dennoch siezt.

▶ Begrüßung

Beim Begrüßen liegen Sie im Französischen mit *Bonjour* [bongschour] fast immer richtig; das umgangssprachlichere *Salut* [salü] sollten Sie nur bei guten Bekannten und Freunden sowie unter Jugendlichen verwenden. Kennt man sich näher, begrüßt man sich auch mit *bises* (Küsschen) auf beide Wangen. Ob man sich zwei-, drei- oder gar viermal küsst, ist regional und persönlich verschieden. Als nächstes werden Sie das unvermeidliche *Comment allez-vous/vas-tu?* [komangt_aleh wu/wa tu] oder familiärer *Ça va?* [sa wa] („Wie geht es Ihnen/dir?") hören. Antworten Sie einfach: *Ça va* [sa wa] oder *Très bien, merci* [trä bjäng märsi] („Danke, sehr gut") – unabhängig vom tatsächlichen Befinden.

■ SMALLTALK | CONTACTS [kongtakt]

ZUR PERSON FICHE D'IDENTITÉ [fisch didangtiteh]

Was machen Sie/ machst du beruflich?	Qu'est-ce que vous faites/ tu fais dans la vie? [käs_kö wu fät/tü fä dang la wi]
Ich bin ...	Je suis ... [schö süi]
Ich arbeite bei ...	Je travaille chez ... [schö travaj scheh]
Ich gehe noch zur Schule.	Je vais encore à l'école. [schö väs_angkor_a lehkol]
Ich bin Student/in.	Je suis étudiant/étudiante. [schö suis_ehtüdjang/ehtüdjangt]
Wie alt sind Sie?	Quel âge avez-vous? [käl_asch aweh wu]
Wie alt bist du?	Tu as quel âge? [tü a käl asch]
Ich bin 24.	J'ai 24 ans. [schä vängt katr ang]

HERKUNFT UND AUFENTHALT ORIGINE ET SÉJOUR [orischin eh sehschur]

Woher kommen Sie?	D'où êtes-vous? [du ät wu]
Woher kommst du?	Tu es d'où? [tü ä du]
Ich komme aus Stuttgart.	Je suis de Stuttgart. [schö sui dö schtutgart]
Sind Sie/ Bist du schon lange in ...?	Vous êtes/ Tu es à ... depuis longtemps? [wus_ät/tü eh a ... depüi longtang]
Ich bin seit ... hier.	Je suis là depuis ... [schö süi la döpüi...]
Wie lange bleiben Sie/ bleibst du?	Vous restez/ Tu restes combien de temps? [wu rästeh tü räst kongbjängd_tang]
Sind Sie/ Bist du zum ersten Mal hier?	C'est la première fois que vous venez/ que tu viens ici? [sä la prömjär fua kö wu wöneh/ kö tü wjäng isi]
Gefällt es Ihnen / dir?	Ça vous / te plaît? [sa wu / tö plä]

HOBBYS HOBBIES [obi]

Haben Sie / Hast du ein Hobby?	Vous avez/Tu as un hobby? [wus_aweh / tü a ün obi]
Wofür interessieren Sie sich?	Vous vous intéressez à quoi? [wu wus_ängtehräseh a kua]
Ich interessiere mich für ...	Je m'intéresse à .../au ... [schö mängtehräss_a .../oh ...]

Computerspiele	jeux vidéo [schö videoh]
fotografieren	photographier [fotohgrafie]
Freunde treffen	rencontres [rangkongtr]
Im Internet surfen	naviguer dans Internet [nawigeh dang ängtärnät]
Karten-/Brettspiele	cartes/jeux de société [kart/schöd sosjehteh]
Kino/Filme	cinéma/films [sinehma/film]
kochen	faire la cuisine [fär la küisin]
lesen	lire [lir]
malen	peindre [pändr]
Musik hören/machen	écouter/faire de la musique [ehkuteh/fär dla müsik]
reisen	voyager [wuajascheh]
Sprachen lernen	apprendre des langues [aprangdr deh langg]

> *www.marcopolo.de/franzoesisch*

IM GESPRÄCH

SPORT SPORT [spor]

 Volles Programm, Seite 84 ff.

Welchen Sport treiben Sie/ treibst du?	Qu'est-ce que vous faites/tu fais comme sport? [käs_kö wu fät/tü fä kom spor]
Ich spiele ...	Je fais du/ de la ... [schö fä dü/ dö la ...]
Ich jogge/ schwimme/ fahre Rad.	Je fais du jogging/ de la natation/ du vélo. [schö fä dü dschoging/ dö la natasjong/ dü vehloh]
Ich spiele einmal in der Woche Tennis/Volleyball.	Je joue une fois par semaine au tennis/volley-ball. [schö schu ün fua par sömän_oh tehnis/voläbal]
Ich gehe regelmäßig ins Fitnesscenter	Je vais régulièrement au fitness. [schö vä rehgüljärmang oh fitnäs]

VERABREDUNG/ FLIRT | RENDEZ-VOUS/FLIRT [rangdehwu/flört]

Haben Sie/Hast du für morgen schon etwas vor?	Vous avez/Tu as quelque chose de prévu pour demain? [wus_aveh/tü a kälk_schos dö prehwü pour dömäng]
Wann treffen wir uns?	On se voit à quelle heure? [ongs wua a käl_ör]
Darf ich Sie/dich nach Hause bringen?	Je vous/te raccompagne? [sch_wu/tö rakongpanj]
Hast du einen Freund/ eine Freundin?	Tu as un petit ami/une petite amie? [tü a äng ptit_ami/ün pötit_ami]
Sind Sie verheiratet?	Vous êtes marié/e? [wus_ät marjeh]

WIE DIE EINHEIMISCHEN

Insider Tipps

«Le coup de foudre»
„Vom Blitz getroffen", welch schönes Bild für „die Liebe auf den ersten Blick". *Avoir le coup de foudre pour quelque chose* [awuar lö ku dfudr pur kehlkö schohs] sagt man jedoch auch, wenn man von einer Sache sofort begeistert ist: „Feuer und Flamme für etwas sein".

Hätten Sie's gewusst?
Pariser sind in Frankreich als Bezeichnung für Kondome unbekannt. Schließlich will kein Volk ständig mit derartigen Dingen in Zusammenhang gebracht werden! Die Franzosen verweisen in diesem Fall auf die Engländer: *une capote anglaise* [ün kapot angläs] – „eine englische Abdeckung" lautet die etwas flapsige Bezeichnung.

Ich habe mich den ganzen Tag auf Sie/dich gefreut.	J'ai attendu ce moment toute la journée. [jä atangdü smomang tut la schurneh]
Du hast wunderschöne Augen!	Tu as des yeux magnifiques! [tü a dehs_jöh manjifik]
Ich habe mich in dich verliebt.	Je suis amoureux (m)/amoureuse (f) de toi! [schö süi amuröh/amuröhs dö tua]
Ich mich auch in dich.	Moi aussi, je t'aime. [mua ohsi schö täm]
Ich liebe dich!	Je t'aime! [schö täm]
Ich möchte mit dir schlafen.	J'aimerais faire l'amour avec toi. [schämrä fär lamur aväk twa]
Aber nur mit Kondom!	D'accord, mais seulement avec préservatif. [dakor mä sölmang awäk prehsehrwatif]
Hast du Kondome?	Tu as des préservatifs? [tü a deh prehsehrwatif]
Wo kann ich welche kaufen?	Où est-ce que je peux en acheter? [u äs_kö schpö ang aschteh]
Ich will nicht.	Je ne veux pas. [schön wöh pa]
Bitte geh jetzt!	Vas-t-en maintenant, je te prie! [watang mängtnang schö tö pri]
Hör sofort auf!	Arrête tout de suite! [arät tud süit]
Hau ab!	Tire-toi! [tir tua]
Lassen Sie mich bitte in Ruhe!	Laissez-moi tranquille, je vous prie! [lehseh mua trankil schö wu pri]

ZEIT

■ UHRZEIT | L'HEURE [lör]

WIE VIEL UHR IST ES? QUELLE HEURE EST-IL? [käl_ör ät_il]

 Zeitangaben: Umschlagklappe

UM WIE VIEL UHR?/ WANN? A QUELLE HEURE?/QUAND? [a käl_ör/kang]
Um 1 Uhr.	A une heure. [a ün_ör]
In einer Stunde.	Dans une heure. [dangs_ün_ör]
Zwischen 3 und 4.	Entre trois heures et quatre heures. [angtrö truas_ör eh katr_ör]

WIE LANGE? COMBIEN DE TEMPS? [kongbjängd tang]
Zwei Stunden (lang).	Deux heures. [döhs_ör]
Von 10 bis 11.	De dix à onze. [dö dis a ongs]
Bis 5 Uhr.	Jusqu'à/Avant cinq heures. [schüska/awang sänk_ör]

> *www.marcopolo.de/franzoesisch*

IM GESPRÄCH

SEIT WANN? DEPUIS QUELLE HEURE? [döpüi käl_ör]
Seit 8 Uhr morgens.	Depuis huit heures du matin. [döpüi üit_ör dü matäng]
Seit einer halben Stunde.	Depuis une demi-heure. [döpüi ün dömijör]

SONSTIGE ZEITANGABEN
AUTRES INDICATIONS DE TEMPS [ohtrös_ängdikasjong dö tang]

morgens	le matin [lö matäng]
vormittags	dans la matinée [dang la matineh]
mittags	le midi [lö midi]
nachmittags	dans l'après-midi [dang laprämidi]
abends	le soir [lö suar]
nachts	de nuit [dö nüi]
vorgestern	avant-hier [awangt_jär]
gestern	hier [jär]
vor zehn Minuten	il y a dix minutes [il_ja di minüt]
heute	aujourd'hui [oschurdüi]
jetzt	maintenant [mängtnang]
morgen	demain [dömäng]
übermorgen	après-demain [aprä dmäng]
diese Woche	cette semaine [sät sömän]
am Wochenende	ce week-end [sö uikänd]
am Sonntag	dimanche [dimangsch]
in 14 Tagen	dans quinze jours [dang kängs schur]
nächstes Jahr	l'année prochaine [laneh proschän]
manchmal	quelquefois [kälköfua]
alle halbe Stunde	toutes les demi-heures [tut leh dömijör]
stündlich	par heure [par_ör]
täglich	par jour [par schur]
alle zwei Tage	tous les deux jours [tu leh döh schur]
innerhalb einer Woche	en une semaine [angn_ün sömän]
bald	bientôt [bjängtoh]

DATUM | LA DATE [la dat]

Den Wievielten haben wir heute?	On est le combien aujourd'hui? [ongn_äl kongbjäng ohschurdüi]
Heute ist der 1. Mai.	Aujourd'hui, c'est le 1er mai. [ohschurdüi säl prömjeh mä]

■ WOCHENTAGE | LES JOURS DE LA SEMAINE [leh schur dö la smän]

Montag	lundi [längdi]
Dienstag	mardi [mardi]
Mittwoch	mercredi [märkrödi]
Donnerstag	jeudi [schödi]
Freitag	vendredi [wangdrödi]
Samstag	samedi [samdi]
Sonntag	dimanche [dimangsch]

■ MONATE | LES MOIS DE L'ANNEE [leh mua dö laneh]

Januar	janvier [schangwjeh]
Februar	février [fehwrijeh]
März	mars [mars]
April	avril [awril]
Mai	mai [mä]
Juni	juin [schüäng]
Juli	juillet [schüijä]
August	août [u(t)]
September	septembre [säptangbr]
Oktober	octobre [oktobr]
November	novembre [nowangbr]
Dezember	décembre [dehsangbr]

■ JAHRESZEITEN | LES SAISONS [leh säsong]

Frühling	le printemps [lö prängtang]
Sommer	l'été m [lehteh]
Herbst	l'automne m [lohton]
Winter	l'hiver m [liwär]

■ FEIERTAGE | LES JOURS FERIES [leh schur färjeh]

Neujahr	le Nouvel An [lö nuwäl_ang]
Dreikönigstag	la Fête des Rois [la fät deh rua], l'Epiphanie [lehpifani]
Karneval	le carnaval [lö karnawal]
Fastnachtsdienstag	le mardi gras [lö mardi gra]
Aschermittwoch	le mercredi des cendres [lö märkrödi deh sangdr]
Karfreitag	le vendredi saint [lö wängdrödi säng]
Ostern	Pâques f [pak]

> www.marcopolo.de/franzoesisch

IM GESPRÄCH

1. Mai	la Fête du Travail [la fät dü trawaj]
Christi Himmelfahrt	l'Ascension f [lasangsjong]
Pfingsten	la Pentecôte [la pangtkoht]
Fronleichnam	la Fête-Dieu [la fät djöh]
Nationalfeiertag (14. Juli)	le quatorze juillet [lö kators schüijä]
Maria Himmelfahrt	l'Assomption f [lasongpsjong]
Allerheiligen (1. Nov.)	la Toussaint [la tusäng]
Waffenstillstandstag (11. 11.)	l'Armistice m [larmistis]
Heiliger Abend	la veille de Noël [la wäj dö noäl]
Weihnachten	Noël [noäl]
Silvesterabend	la Saint-Sylvestre [la säng silwästr]

WETTER

Wie wird das Wetter heute?	Qu'est-ce qu'il va faire comme temps aujourd'hui? [käs_kil wa fär kom tang ohschurdüi]
Es bleibt schön/schlecht.	Le temps restera au beau./Le mauvais temps persistera. [lö tang rästora oh boh/lö mohwä tang pärsistora]
Es wird wärmer/kälter.	Le temps va se radoucir/se rafraîchir. [lö tang wa sö radusir/sö rafräschir]
Es wird regnen/schneien.	Il va pleuvoir/neiger. [il wa plöhwuar/näscheh]
Es ist kalt/heiß/schwül.	Il fait froid/chaud/lourd. [il fä frua/schoh/lur]
Wie viel Grad haben wir heute?	Quelle température fait-il aujourd'hui? [käl tangpehratür fät_il ohschurdüi]
Es ist 20 Grad.	Il fait vingt degrés. [il fä wäng dögreh]

bewölkt	nuageux [nüaschöh]
Ebbe	la marée basse [la mareh bas]
Flut	la marée haute [la mareh oht]
Frost	le gel [lö schäl]
Gewitter	l'orage m [lorasch]
heiß	très chaud [trä schoh]
kalt	froid [frua]
Nebel	le brouillard [lö brujar]
Regen	la pluie [la plüi]
Schnee	la neige [la näsch]
schwül	lourd [lur]
Sonne	le soleil [lö soläj]
trocken	sec, sèche [säk, säsch]
warm	chaud [schoh]
wechselhaft	variable [warjabl]
Wind	le vent [lö wang]

18 | 19

> WO GEHT ES NACH...?

Wenn Sie sich verirrt oder verfahren haben oder einfach nicht mehr weiter wissen: Fragen Sie! Dieses Kapitel hilft Ihnen dabei.

WO GEHT'S LANG?

Bitte, wo ist ...?	Pardon Mme/Mlle/M., où se trouve ..., s.v.p.? [pardong madam/madmuasäl/mösjöh us truw sil wu plä]
Entschuldigen Sie bitte, wie komme ich nach ...?	Excusez-moi, pour aller à ..., s.v.p.? [eksküse mwa pur ale a sil wu plä]
Welches ist der kürzeste Weg nach/zu ...?	Quel est le chemin le plus court pour aller à ...? [käl_äl schömäng lö plü kur pur aleh a]
Wie weit ist es?	C'est à combien de kilomètres? [sät_a kongbjäng dö kilomät]
Es ist weit.	C'est loin. [sä luäng]

UNTERWEGS

Es ist nicht weit.	Ce n'est pas loin. [snä pa luäng]
Gehen Sie geradeaus.	Vous allez tout droit. [wus aleh tu drua]
Gehen Sie nach links/nach rechts.	Vous prenez à gauche/à droite. [wu pröneh a gohsch/a druat]
Erste/Zweite Straße links/rechts.	La première/deuxième rue à gauche/à droite. [la prömjär/döhsjäm rü a gohsch/a druat]
Überqueren Sie ...	Vous traversez ... [wu trawärseh]
die Brücke.	le pont. [lö pong]
den Platz./die Straße.	la place./la rue. [la plas/la rü]
Dann fragen Sie noch einmal.	Une fois là-bas, vous redemanderez. [ün fua la ba wu rdömangdreh]

Sie können es nicht verfehlen.	Vous ne pouvez pas vous tromper. [wun puweh pa wu trongpeh]
Sie können ... nehmen.	Vous pouvez prendre ... [wu puweh prangdr]
den Bus/den Obus	le bus./le trolley. [lö büs/lö trolä]
die Straßenbahn	le tram. [lö tram]
die U-Bahn	le métro. [lö mehtroh]

AN DER GRENZE

■ ZOLL/PASS | DOUANE/PASSEPORTS [duan/paspor]

IHREN PASS, BITTE! VOTRE PASSEPORT, S'IL VOUS PLAÎT. [wotrö paspor sil wu plä]

Haben Sie ein Visum?	Vous avez un visa? [wus aweh äng wisa]
Kann ich das Visum hier bekommen?	Est-ce que je peux obtenir le visa ici? [äs_kö schpöh obtönir lö wisa isi]

HABEN SIE NICHTS ZU VERZOLLEN? VOUS N'AVEZ RIEN À DÉCLARER? [wu naweh rjängn_a dehklareh]

Fahren Sie bitte rechts heran.	Rangez-vous sur la droite, s.v.p. [rangscheh wu sür la druat sil wu plä]
Öffnen Sie bitte den Kofferraum/diesen Koffer.	Ouvrez votre coffre/cette valise, s.v.p. [uwreh wotrö kofr/sät walis sil wu plä]
Muss ich das verzollen?	Il faut déclarer ça? [il fohl dehklareh sa]
Nein, ich habe nur ein paar Geschenke.	Non, j'ai seulement quelques cadeaux. [nong scheh sölmang kälkö kadoh]

Ausfuhr	l'exportation f [läksportasjong]
Einfuhr	l'importation f [längportasjong]
ausreisen	sortir [sortir]
einreisen	entrer [angtreh]
Familienname	le nom de famille [lö nongd famij]
Familienstand	la situation de famille [la sitüasjongd famij]
ledig	célibataire [sehlibatär]
verheiratet	marié [marjeh]
Führerschein	le permis de conduire [lö pärmid kongdüir]
Geburtsdatum	la date de naissance [la dat dö näsangs]
Geburtsname	le nom de jeune fille [lö nongd jön fij]
Geburtsort	le lieu de naissance [lö ljöhd näsangs]
gültig	valable [walabl]
Reisepass	le passeport [lö paspor]
Staatsangehörigkeit	la nationalité [la nasjonaliteh]
Visum	le visa [lö wisa]

> *www.marcopolo.de/franzoesisch*

UNTERWEGS

Vorname	le prénom [lö prehnong]
Wohnort	le domicile [lö domisil]
zollfrei	exempt de droits de douane [ägsang dö druad duan]
zollpflichtig	soumis aux droits de douane [sumi oh druad duan]

... MIT DEM AUTO/MOTORRAD/FAHRRAD

WIE KOMME ICH NACH ...?
POUR ALLER A ...? [pur_aleh a]

Wie weit ist das?	C'est à combien de kilomètres d'ici? [sät_a kongbjängd kilomätrö disi]
Bitte, ist das die Straße nach ...?	Pardon Mme/Mlle/M., je suis bien sur la route de ...? [pardong madam/madmuasäl/ mösjöh schö süi bjäng sur la rut dö]
Wie komme ich zur Autobahn nach ...?	Pour rejoindre l'autoroute de ..., s.v.p.? [pur röschuängdr lotohrut dö sil wu plä]
Immer geradeaus bis ...	Vous allez tout droit jusqu'à ... [wus_aleh tu drua schüska]
Dann links/ rechts abbiegen.	Ensuite, vous tournez à gauche/à droite. [angsüit wu turneh a gohsch/a druat]

VOLL TANKEN, BITTE | LE PLEIN, S.V.P. [lö pläng sil wu plä]

Wo ist bitte die nächste Tankstelle?	Pardon Mme/Mlle/M., où est la station-service la plus proche, s.v.p.? [pardong madam/madmuasäl/mösjöh u ä la stasjong särwis la plü prosch sil wu plä]
Ich möchte ... Liter	Je voudrais ... litres, s'il vous plaît. [schö wudrä itrö sil wu plä]
Benzin (bleifrei).	Du (sans plomb) 95 (octanes). [dü (sang plong) katröwängkängs(_oktan)]
Super (bleifrei).	Du (sans plomb) 98 (octanes). [dü (sang plong) katröwängdisüit(_oktan)]
Diesel	Du gas-oil/du gazole [dü gasual/dü gasol]
Prüfen Sie bitte den Ölstand/ den Reifendruck.	Vérifiez le niveau d'huile/la pression des pneus, s.v.p. [wehrifjeh lö niwoh düil/la präsjong deh pnöh sil wu plä]

■ PARKEN | LE STATIONNEMENT [lö stasjonmang]

Gibt es hier in der Nähe eine Parkmöglichkeit?	Pardon Mme/Mlle/M., est-ce qu'il y a un parking près d'ici, s.v.p.? [pardong madam/madmuasäl/mösjöh äs_kil_ja äng parking prä disi sil wu plä]
Kann ich das Auto hier abstellen?	Je peux garer ma voiture ici? [schpöh gareh ma wuatür_isi]

■ PANNE | PANNE [pan]

Ich habe einen Platten.	J'ai un pneu crevé. [schä äng pnöh kröweh]
Würden Sie mir bitte einen Mechaniker/einen Abschleppwagen schicken?	Est-ce que vous pouvez m'envoyer un mécanicien/une dépanneuse, s.v.p.? [äs_kö wu puweh mangwuajeh äng mehkanisjä/ün dehpanöhs sil wu plä]
Könnten Sie mir mit Benzin aushelfen?	Vous pourriez me donner un peu d'essence, s.v.p.? [wu purjehm doneh äng pöh däsangs sil wu plä]
Könnten Sie mir beim Reifenwechsel helfen?	Vous pourriez m'aider à changer la roue, s.v.p.? [wu purjeh mehdeh a schangscheh la ru sil wu plä]
Würden Sie mich bis zur nächsten Werkstatt/Tankstelle mitnehmen?	Vous pourriez m'emmener jusqu'au prochain garage?/jusqu'à la prochaine station-essence? [wu purjeh mangmneh schüska la proschän stasjongäsangs/schüsko proschäng garasch]

■ WERKSTATT | GARAGE [garasch]

Mein Wagen springt nicht an.	Ma voiture ne démarre pas. [ma wuatür nö dehmar pa]
Können Sie mal nachsehen?	Vous pouvez jeter un coup d'œil, s.v.p.? [wu puweh schteh äng ku döj sil wu plä]
Die Batterie ist leer.	La batterie est à plat. [la batri ät_a pla]
Mit dem Motor stimmt was nicht.	J'ai des ennuis de moteur. [schä dehs_angnüid motör]
Die Bremsen funktionieren nicht gut.	Mes freins ne répondent pas bien. [meh fräng nö rehpongd pa bjäng]
... ist/sind defekt.	... est/sont défectueux. [... ä/song dehfäktüöh]
Der Wagen verliert Öl.	Il y a une fuite d'huile. [il_ja ün füit düil]
Wechseln Sie bitte die Zündkerzen aus.	Changez les bougies, s.v.p. [schangscheh leh buschi sil wu plä]
Was wird es kosten?	Ça va me coûter combien? [sa wam kuteh kongbjäng]

> *www.marcopolo.de/franzoesisch*

UNTERWEGS

UNFALL | ACCIDENT [aksidang]

Rufen Sie bitte schnell ...	Appelez vite ... [apleh wit]
einen Krankenwagen.	une ambulance. [ün_angbülangs]
die Polizei.	la police. [la polis]
die Feuerwehr.	les pompiers. [leh pongpjeh]
Sind Sie verletzt?	Est-ce que vous êtes blessé/e? [äs_ kö wus_ ät bläseh]
Haben Sie Verbandszeug?	Vous avez une trousse de secours? [wus_aweh ün trus dö skur]
Es war meine Schuld.	C'est moi qui suis en tort. [sä mua ki süis_ang tor]
Es war Ihre Schuld.	C'est vous qui êtes en tort. [sä wu ki äts_ang tor]
Sollen wir die Polizei holen, oder können wir uns so einigen?	On appelle la police ou on fait un constat à l'amiable? [ongn_apäl la polis u ongn fä äng kongsta a lamjabl]
Ich möchte den Schaden durch meine Versicherung regeln lassen.	Je veux faire régulariser le dommage par mon assurance. [schö wöh fär rehgülariseh lö domasch par mongn_asürangs]
Geben Sie mir bitte Ihren Namen und Ihre Anschrift/ Namen und Anschrift Ihrer Versicherung.	Vous pouvez me donner votre nom et votre adresse/le nom et l'adresse de votre assurance. [wu puweh mö doneh wotrö nong eh wotr_adräs/ lö nong eh ladräs dö wotr_asürangs]
Vielen Dank für Ihre Hilfe.	Je vous remercie beaucoup de votre aide. [schö wu römärsi bohku dö wotr_äd]

abschleppen	remorquer [römorkeh]
Abschleppseil	le câble de remorquage [lö kablö dö römorkasch]
Ampel	le feu (de circulation) [lö föh (dö sirkülasjong)]
Anlasser	le démarreur [lö dehmarör]
Autobahn	l'autoroute f [lotohrut]
Automatik(getriebe)	la boîte automatique [la bwat otomatik]
Baustelle	les travaux [leh trawoh]
Benzin	l'essence m [läsangs]
Benzinkanister	le jerrycan [lö schehrikan]
Bremsbelag	la garniture de frein [la garnitür dö fräng]
Bußgeld	l'amende f [lamangd]
Defekt	le défaut [lö dehfoh]
Elektrotankstelle	borne de recharge électrique [born dö röscharsch_ehläktrik]
Erdgastankstelle	station GPL [stasjong schehpehäl]
Fahrrad	le vélo [lö wehloh], la bicyclette [la bisiklät]
Fahrspur	la voie [la wua], la file [la fil]
Fehlzündung	l'allumage m défectueux [lalümasch dehfäktüöh]
Fernlicht	les feux m de route [leh föhd rut]
Flickzeug	le nécessaire de réparation des pneus [lö nehsehsär dö rehparasjong deh pnöh]

24 | 25

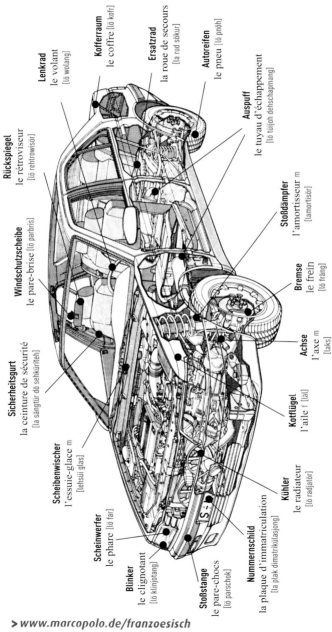

UNTERWEGS

Führerschein	le permis de conduire [lö pärmid kongdüir]
Fußbremse	la pédale de frein [la pedhal dö fräng]
Gang	la vitesse [la witäs]
Gaspedal	l'accélérateur m [laksehlehratör]
gebrochen	cassé [kaseh]
Gepäckträger (Fahrrad)	le porte-bagages [lö portbagasch]
(Auto)	la galerie de toit [la galrid twa]
Getriebe	la boîte de vitesses [la buat dö witäs]
Handbremse	le frein à main [lö fräng a mäng]
Heizung	le chauffage [lö schohfasch]
Helm	le casque de moto [lö kask dö motoh]
Hupe	le klaxon [lö klakson]
Kabel	le câble [lö kabl]
Keilriemen	la courroie [la kurua]
Kreuzung	le carrefour [lö karfur]
Kühlwasser	l'eau f de refroidissement [lohd röfruadismang]
Kupplung	l'embrayage m [langbräjasch]
Kurve	le virage [lö wirasch]
Landstraße	la route nationale [la rut nasjonal]
Lastwagen	le camion [lö kamjong]
Lichtmaschine	la dynamo [la dinamoh]
Motor	le moteur [lö motör]
Motorrad	la moto [la motoh]
Motorroller	le scooter [lö skutär]
Notrufsäule	la borne de secours [la born dö skur]
Oktanzahl	le nombre d'octanes [lö nongbrö doktan]
Öl	l'huile f [lüil]
Ölwechsel	la vidange [la widangsch]
Panne	la panne [la pan]
Pannendienst	le service de dépannage [lö särwis dö dehpanasch]
Papiere	les papiers m [leh papjeh]
Parkhaus	le parking couvert [lö parking kuwär]
Parkplatz	la place de parking [la plas dö parking]
Promille	le taux d'alcoolémie [lö toh dalkolehmi]
PS	CV, chevaux-vapeurs [seh weh, schöwoh wapör]
Radarkontrolle	le contrôle radar [lö kongtrohl radar]
Raststätte	l'aire f de repos [lär dö röpoh], l'aire f de service [lär dö sehrwis]
Reifenpanne	crevaison [kröwäsong]
Schiebedach	le toit ouvrant [lö tua uwrang]
Schraube	la vis [la wis]
Schraubenschlüssel	la clé anglaise [la kleh angläs]
Schutzblech	le garde-boue [lö gardö_bu]
Standlicht	les feux m de position [leh föhd pohsisjong]

Starthilfekabel	le câble de démarrage [lö kabl dö dehmarasch]
Stau	l'embouteillage m [langbutäjasch]
Straße	la rue [la rü]
Straßenkarte	la carte routière [la kart rutjär]
Tachometer	le compteur [lö kongtör]
Tankstelle	la station-service [la stasjongsärwis]
Tramper/in	l'auto-stoppeur/l'auto-stoppeuse [lotohstopör/lotohstopöhs]
Umleitung	la déviation [la dehwjasjong]
Ventil	la soupape [la supap]
Vergaser	le carburateur [lö karbüratör]
Versicherungskarte, grüne	la carte verte [la kart wärt]
Vollkasko	l'assurance f (tous risques) [lasürangs (tu risk)]
Wagenheber	le cric [lö kri]
Wagenwäsche	le lavage [lö lawasch]
Warn|blinker	les feux de détresse [lö fö dö dehträs]
~dreieck	le triangle de présignalisation [lö trijangl dö prehsinjalisasjong]
Werkstatt	le garage [lö garasch]
Werkzeug	l'outil m [luti]
Zündkerze	la bougie [la buschi]
Zündschloss	le contact [lö kongtakt]
Zündschlüssel	la clé de contact [la klehd kongtakt]
Zündung	l'allumage m [lalümasch]

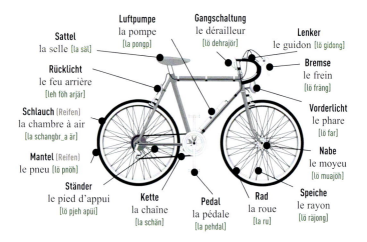

> *www.marcopolo.de/franzoesisch*

UNTERWEGS

AUTO-/MOTORRAD-/FAHRRADVERMIETUNG
LOCATION D'UNE VOITURE/D'UNE MOTO/D'UN VELO

Ich möchte für zwei Tage/eine Woche … mieten.	Je voudrais louer pour deux jours/une semaine … [schwudrä lueh pur döh schur/ün sömän]
einen (Gelände-)Wagen	une voiture (tous terrains). [ün wuatur (tu täräng)]
ein Motorrad/einen Roller	une moto/un scooter. [ün motoh/äng skuhter]
ein Fahrrad	un vélo. [äng wehloh]
Wie viel kostet es pro Tag/Woche?	Quel est le tarif à la journée/semaine? [käl_ä lö tarif_la schurneh/sömän]
Wie viel verlangen Sie pro gefahrenen km?	Quel est le prix au km? [käl_äl pri oh kilomätr]
Ist das Fahrzeug vollkaskoversichert?	Est-ce que le véhicule est assuré tous risques? [äs_kö lö wikül ät_asüreh tu risk]
Ist es möglich, das Fahrzeug in … abzugeben?	Est-ce qu'il est possible de rendre le véhicule à …? [äs_kil_ä posibl dö rangdrö lö wikül a]

… MIT DEM FLUGZEUG

ABFLUG | LE DEPART [lö dehpar]

Wo ist der Schalter der …Fluggesellschaft?	Où se trouve le guichet de la compagnie …? [us truw lö gischä dö la kongpanji]
Wann fliegt die nächste Maschine nach …?	Quand part le prochain avion pour …? [kang par lö proschän_awjong pur]
Ich möchte einen einfachen Flug/Hin- und Rückflug nach … buchen.	Je voudrais un billet d'avion pour …, aller simple/aller-retour. [schwudrä äng bijä dawjong pur aleh sängpl/aleh rtur]
Sind noch Plätze frei?	Est-ce qu'il y a encore des places de libres? [äs_kil_ja ankor deh plas dö libr]
Ich möchte diesen Flug stornieren/umbuchen.	Je voudrais annuler/modifier ce vol. [schö wudrä anüleh/modifjeh sö wol]
Gibt es für den Flug einen Vorabend-/Telefon-/Internet-Checkin?	Est-ce que pour ce vol je peux réserver la veille/par téléphone/par Internet? [äs_kö pur sö vol schö pö rehsärweh la wäj /par tehlehfon/par ängtärnät]
Kann ich das als Handgepäck mitnehmen?	Est-ce que je peux prendre ça en bagage à main? [äs_kösch pöh prangdr sa ang bagasch a mäng]

Hat die Maschine nach ... Verspätung?	Est-ce que l'avion pour ... a du retard? [äs_kö lawjong pur a dür tar]	

ANKUNFT | L'ARRIVEE [lariweh]

Mein Gepäck ist verloren gegangen.	Mes bagages ont été égarés. [meh bagasch ongt_ehteh ehgareh]
Mein Koffer ist beschädigt worden.	Ma valise est abîmée. [ma walis ät_abimeh]
Ankunftszeit	l'heure f d'arrivée [lör dariweh]
Anschluss	la correspondance [la koräspongdangs]
Anschnallgurt	la ceinture [la sängtür]
an Bord	à bord (de l'appareil) [a bor (dö laparäj)]
Bordkarte	la carte d'embarquement [la kart dangbarkömang]
Buchung	la réservation [la rehsärwasjong]
Direktflug	le vol direct [lö wol diräkt]
einchecken	faire l'enregistrement [fär langröschiströmang]
Fenstersitz	le coin-hublot [lö küäng übloh]
Flug	le vol [lö wol]
Fluggesellschaft	la compagnie aérienne [la kongpanji aehrjän]
Flughafenbus	le bus pour l'aéroport [lö büs pur laehropor]
Flughafengebühr	la taxe d'aéroport [la taks daehropor]
Flugplan	l'horaire m des vols [lorär deh wol]
Flugstrecke	la route aérienne [la rut aehrjän]
Flugzeug	l'avion m [lawjong]
Gepäck	les bagages m [leh bagasch]
Gepäckausgabe	l'arrivée des bagages [lariweh dö bagasch]
Handgepäck	les bagages m à main [leh bagasch a mäng]
Kapitän	le commandant [lö komangdang]
Landung	l'atterrissage m [latehrisasch]
Notausgang	la sortie de secours [la sortid sökur]
Notlandung	l'atterrissage m forcé [latehrisasch forseh]
Pilot/in	le/la pilote [lö/la pilot]
planmäßiger Abflug	le décollage [lö dehkolasch]
Rollfeld	la piste [la pist]
Schalter	le guichet [lö gischä]
Schwimmweste	le gilet de sauvetage [lö schiläd sohwtasch]
Sicherheitskontrolle	le contrôle de sécurité [lö kongtrohl dö sehküriteh]
Steward/ess	le steward/l'hôtesse f de l'air [lö stiuart/lohtäs dö lär]
stornieren	annuler [anüleh]
umbuchen	modifier [modifjeh]

> www.marcopolo.de/franzoesisch

UNTERWEGS

Verspätung	le retard [lö rötar]
zollfreier Laden	le duty-free [lö djutifri], la boutique franche [la butik frangsch]
Zwischenlandung	l'escale f [läskal]

... MIT DEM ZUG

■ AM BAHNHOF | A LA GARE [a la gar]

Wann fährt der nächste Zug nach ...?	A quelle heure part le prochain train pour ...? [a käl ör par lö proschäng träng pur]
Eine einfache Fahrt 2. Klasse/ 1. Klasse nach ..., bitte.	Un aller deuxième/première classe pour ..., s.v.p. [ängn_aleh döhsjäm/prömjär klas pur sil wu plä]
Zweimal ... hin und zurück, bitte.	Deux aller-retour pour ..., s'il vous plaît. [döhs_aleh rtur pur sil wu plä]
Gibt es eine Ermäßigung für Kinder/Studenten?	Est-ce qu'il y a des réductions pour les enfants/les étudiants? [äs_kil_ja deh rehdüksjong pur lehs_angfang/lehs_ehtüdjang]
Bitte eine Platzkarte für den Zug um ... Uhr nach ...	Je voudrais réserver une place dans le train de ... heures pour ... [schwudrä rehsärweh ün plas dang lö träng dö ör pur]
Ich möchte diesen Koffer als Reisegepäck aufgeben.	Je voudrais faire enregistrer ma valise en bagage accompagné. [schwudre fär angreschistre ma walis äng bagasch akongpaneh]
Hat der Zug aus ... Verspätung?	Est-ce que le train de ... a du retard? [äs_kö lö träng dö a dü rtar]
(Wo) Muss ich umsteigen?	(Où) Est-ce que je dois changer? [(u) äs_kösch dua schangscheh]
Von welchem Gleis fährt der Zug nach ... ab?	Le train pour ... part de quelle voie, s.v.p.? [lö träng pur par dö käl wua sil wu plä]
Kann ich ein Fahrrad mitnehmen?	Est-ce que je peux prendre un vélo? [äs_kö sch_pö prangdr_un wehloh]

■ IM ZUG | DANS LE TRAIN [dang lö träng]

Verzeihung, ist dieser Platz noch frei?	Pardon Mme/Mlle/M., est-ce que cette place est libre, s.v.p.? [pardong madam/madmuasäl/mösjöh äs_kö sät plas_ä libr sil wu plä]
Hält dieser Zug in ...?	Est-ce que le train s'arrête à ...? [äs_kö lö träng sarät a]

Abfahrt	le départ [lö dehpar]
Abfahrtszeit	l'heure f de départ [lör dö dehpar]
Abteil	le compartiment [lö kongpartimang]
ankommen	arriver [ariweh]
Anschlusszug	correspondance [koräspongdangs]
Aufenthalt	l'arrêt m (en gare) [larä (ang gar)]
aussteigen	descendre [dehsangdr]
Autoreisezug	le train autos-couchettes/autos-jour [lö träng otohkuschät/otohschur]
Bahnhof	la gare [la gar]
besetzt	occupé [oküpeh]
D-Zug	le rapide [lö rapid]
Eilzug	le train direct [lö träng diräkt]
einsteigen	monter (dans le train) [mongteh (dangl träng)]
Ermäßigung	la réduction [la rehdüksjong]
Fahrkarte	le billet [lö bijä]
Fahrkartenschalter	le guichet [lö gischä]
Fahrplan	l'horaire m [lorär]
Fahrpreis	le prix du billet [lö pri dü bijä]
Fensterplatz	le coin-fenêtre [lö kuäng fnätr]
frei	libre [libr]
Gepäck	les bagages m [leh bagasch]
Gepäckaufbewahrung	la consigne [la kongsinj]
Gepäckschein	le ticket de consigne [lö tikä dö kongsinj]
Gleis	la voie [la wua]
Hauptbahnhof	la gare principale [la gar prängsipal]
Kinderfahrkarte	le billet demi-tarif [lö bijä dmitarif]
Notbremse	le signal d'alarme [lö sinjal dalarm]
Rückfahrkarte	le billet aller-retour [lö bijä aleh rtur]
Schlafwagen	wagon-lit [wagongli]
Schließfach	consigne [kongsinj]
Sitzplatzreservierung	réservation [rehsärwasjong]
Speisewagen	le wagon-restaurant [lö wagong rästorang]
Stromanschluss	prise de courant [pris dö kurang]
Toilette	les toilettes f [leh tualät]
Wartehalle	la salle d'attente [la sal datangt]
Zug	le train [lö träng]
Zugfähre	le ferry-boat [lö färiboht]
Zuschlag	le supplément [lö süplehmang]

> *www.marcopolo.de/franzoesisch*

UNTERWEGS

... MIT DEM SCHIFF

■ IM HAFEN | DANS LE PORT [dang lö por]

Wann fährt das nächste Schiff nach ... ab?	A quelle heure part le prochain bateau pour ...? [a käl ör par lö proschäng batoh pur]
Wie lange dauert die Überfahrt?	La traversée dure combien de temps? [la trawärseh dür kongbjängd tang]
Ich möchte eine Schiffskarte nach ...	Je voudrais un billet pour ... [schwudrä äng bijä pur]
Ich möchte eine Karte für die Rundfahrt um ... Uhr.	Je voudrais un billet pour le départ de ... heures. [schwudrä äng bijä pur lö dehpar dö ör]
Wann legen wir in ... an?	Quand est-ce qu'on arrive à ...? [kangt_äs kongn_ariw a]

■ AN BORD | A BORD DU BATEAU [a bor dü batoh]

Wo ist der Speisesaal/der Aufenthaltsraum?	Où est la salle à manger/le salon? [u ä la sal_a mangscheh/lö salong]
Ich fühle mich nicht wohl.	Je ne me sens pas très bien. [schön mö sang pa trä bjäng]
Geben Sie mir bitte ein Mittel gegen Seekrankheit.	Donnez-moi un médicament contre le mal de mer, s.v.p. [doneh mua äng mehdikamang kongtrö lö mal dö mär sil wu plä]
Anlegeplatz	l'embarcadère m [langbarkadär]
an Bord	à bord (du bateau) [a bor (dü batoh)]
Dampfer	le vapeur [lö wapör]
Deck	le pont [lö pong]
Fähre (Auto)	le bac [lö bak]
(Eisenbahn)	le ferry-boat [lö färiboht]
Fahrkarte	le billet [lö bijä]
Festland	la terre ferme [la tär färm]
Hafen	le port [lö por]
Kabine	la cabine [la kabin]
Kapitän	le capitaine [lö kapitän]
Küste	la côte [la koht]
Landausflug	l'excursion f à terre [lekskürsjong a tär]
Luftkissenboot	l'hovercraft m [lowörkraft], l'aéroglisseur m [laehrohglisör]
Motorboot	le canot automobile [lö kanoh otohmobil] [lö pasascheh/la pasaschär]
Rettungsboot	le canot de sauvetage [lö kanohd sohwtasch]

Rettungsring	la bouée de sauvetage [la buehd sohwtasch]
Ruderboot	la barque (à rames) [la bark (a ram)]
Schwimmweste	le gilet de sauvetage [lö schiläd sohwtasch]
Seegang	l'état m de la mer [lehtad la mär]
seekrank sein	avoir le mal de mer [awuar lö mal dö mär]
Steward	le steward [lö stiuard]

NAHVERKEHR

■ BUS/U-BAHN | BUS/METRO [büs/mehtro]

Bitte, wo ist die nächste …	Où se trouve … [us truw]
Bushaltestelle?	l'arrêt de bus le plus proche? [laräd büs lö plü prosch]
Straßenbahnhaltestelle?	l'arrêt de tram le plus proche? [laräd tram lö plü prosch]
U-Bahnstation?	la station de métro la plus proche? [la stasjongd mehtroh la plü prosch]
Welche Linie fährt nach …?	C'est quelle ligne pour …, s.v.p.? [sä käl linj pur sil wu plä]
Wo fährt der Bus ab?	D'où part le bus? [du par lö büs]
Wo muss ich aussteigen/umsteigen?	À quel arrêt est-ce que je dois descendre/changer? [a käl_arä äskösch_dua desangdr/schangscheh]
Könnten Sie mir bitte Bescheid geben, wenn ich aussteigen muss?	Vous pourriez me dire quand je dois descendre, s.v.p.? [vu purjehm dir kang schdua desangdr sil wu plä]
Wo kann ich den Fahrschein kaufen?	Où est-ce que je peux prendre mon billet? [u äs_kösch pöh prangdrö mong bijä]
Bitte, einen Fahrschein nach …	Un billet pour …, s.v.p. [äng bijä pur sil wu plä]
Kann ich ein Fahrrad mitnehmen?	Est-ce que je peux prendre un vélo? [äs_kö sch_pö prangdr_un wehloh]
Abfahrt	le départ [lö dehpar]
aussteigen	descendre [dehsangdr]
Bus	le bus [lö büs]
einsteigen	monter [mongteh]
Endstation	le terminus [lö tärminüs]
Fahrer	le conducteur [lö kongdüktör]
Fahrkartenautomat	la billetterie [la bijätri]
Fahrplan	l'horaire m [lorär]
Fahrpreis	le prix du billet [lö pri dü bijä]
Fahrschein	le billet [lö bijä]
Haltestelle	l'arrêt m [larä] la station [la stasjong]

> www.marcopolo.de/franzoesisch

UNTERWEGS

Kontrolleur	le contrôleur [lö kongtrohlör]
lösen (Fahrschein)	prendre (son billet) [prangdrö (song bijä)]
Schaffner	le contrôleur [lö kongtrohlör]
Straße	la rue [la rü]
Straßenbahn	le tram [lö tram]
Tageskarte	le billet pour une journée [lö bilje pur ün schurneh]
U-Bahn	le métro [lö mehtro]
Wochenkarte	la carte hebdomadaire [la kart ebdomadär]

■ TAXI | LE TAXI [lö taksi]

Könnten Sie mir bitte ein Taxi rufen?	Vous pourriez m'appeler un taxi, s'il vous plaît? [wu purjeh mapleh äng taksi sil wu plä]
Wo ist der nächste Taxistand?	Où est la station de taxis la plus proche? [u ä la stasjong taksi la plü prosch sil vu plä]
Zum Bahnhof.	A la gare. [a la gar]
Zum ... Hotel.	A l'hôtel ... [a lohtäl]
In die ...-Straße.	Rue ... [rü]
Nach ..., bitte.	A ..., s'il vous plaît. [a sil wu plä]
Wie viel kostet es nach ...?	Il faut compter combien pour aller à ...? [il foh kongteh kongbjäng pur_aleh a]
Das ist zu viel.	C'est trop. [sä troh]
Halten Sie bitte hier.	Vous vous arrêtez ici, s.v.p. [wu wus arehteh isi sil wu plä]
Das ist für Sie.	Voilà pour vous. [wuala pur wu]
Könnte ich bitte eine Quittung haben?	Je peux avoir une facture, s.v.p.? [schpö awuar yn faktür sil wu plä]
Fahrpreis	le prix de la course [lö pri dla kurs]
Taxifahrer	le chauffeur de taxi [lö schohför dö taksi]
Taxistand	la station de taxis [la stasjong dö taksi]
Trinkgeld	le pourboire [lö purbuar]

MITFAHREN

Fahren Sie nach ...?	Est-ce que vous allez à ... ? [äs_kö wus_aleh a ...]
Könnten Sie mich bis ... mitnehmen?	Pourriez-vous m'emmener jusqu'à ...? [purjeh wu mangmneh schüska ...]
Könnten Sie mich bitte hier absetzen?	Pourriez-vous me déposer ici? [purje wum_dehposeh isi]
Vielen Dank fürs Mitnehmen.	Merci de m'avoir emmené/e? [märsid_mawuar angmneh]

> KULINARISCHE ABENTEUER

Mit Spaß bestellen und mit Genuss essen – denn für Sie ist die Speisekarte in Landessprache kein Buch mit sieben Siegeln.

■ ESSEN GEHEN | ALLER MANGER [aleh mangscheh]

Wo gibt es hier ...	Vous pourriez m'indiquer... [wu purjeh mängdikeh]
ein gutes Restaurant?	un bon restaurant? [äng bong rästorang]
ein typisches Restaurant?	un restaurant typique [äng rästohrang tipik]
Reservieren Sie uns bitte für heute Abend einen Tisch für 4 Personen.	Je voudrais retenir une table pour ce soir, pour quatre personnes. [schwudrä rötnir ün tablö pur sö suar pur kat pärson]
Ist dieser Tisch noch frei?	Est-ce que cette table est libre, s.v.p.? [äs_kö sät tabl ä libr sil wu plä]

ESSEN UND TRINKEN

Einen Tisch für 2/3 Personen, bitte.	Je voudrais une table pour deux/trois personnes. [schwudrä ün tablö pur döh/trua pärson]
Wo sind bitte die Toiletten?	Où sont les toilettes, s.v.p.? [u song leh twalät sil wu plä]
Guten Appetit!	Bon appétit! [bon_apehti]
Prost!	A votre santé/A la vôtre. [a wotr sangteh/a la wohtr]
Das Essen ist/war ausgezeichnet!	Ce repas est/était excellent. [sö röpa ät/ehtät_äksälang]
Ich bin satt, danke.	Non, merci. Je n'ai plus faim. [nong märsi schö nä plü fäng]
Stört es Sie, wenn ich rauche?	Ça vous dérange si je fume? [sa wu dehrangsch sisch_füm]

■ BESTELLUNG | COMMANDE [komangd]

Herr Ober/Bedienung,	Monsieur/Madame/Mademoiselle, [mösjöh/madam/madmwasäl]
die Speisekarte, bitte.	la carte, s.v.p. [la kart sil wu plä]
die Getränkekarte, bitte	la carte des boissons, s.v.p. [la kart deh buasong sil wu plä]
die Weinkarte, bitte.	la carte des vins, s.v.p. [la kart deh wäng sil wu plä]
Was können Sie mir empfehlen?	Qu'est-ce que vous me conseillez? [käs_kö wum kongsäjeh]
Was nehmen Sie als Vorspeise/Hauptgericht/Nachtisch?	Qu'est-ce que vous prendrez comme hors-d'œuvre/plat principal/dessert? [käs_kö wu prangdreh kom ordöwr/pla prängsipal/dehsär]
Ich nehme ...	Je prends ... [schö prang]
Wir haben leider kein/e ... (mehr).	Nous n'avons malheureusement pas (plus de) ... [nu nawong malöröhsmang pa (plü dö)]
Was wollen Sie trinken?	Qu'est-ce que vous désirez comme boisson(s)? [käs_kö wu dehsireh kom buasong]
Bitte ein Glas ...	Un verre de ..., s.v.p. [äng wär dö sil wu plä]
Bitte eine Flasche/eine halbe Flasche ...	Une bouteille/Une demi-bouteille de ..., s.v.p. [ün butäj/ün dömibutäj dö sil wu plä]
Bitte bringen Sie uns ...	Apportez-nous ..., s.v.p. [aportehnu sil wu plä]

■ REKLAMATION | RECLAMATIONS [rehklamasjong]

Das Essen ist kalt.	Ce plat est froid. [sö pla ä frua]
Das Fleisch ist nicht durch.	La viande n'est pas assez cuite. [la wjangd nä pas_aseh küit]
Haben Sie mein/e ... vergessen?	Vous pensez à mon/ma/mes ..., n'est-ce pas? [wu pangseh a mong/ma/meh näs_pa]
Das habe ich nicht bestellt.	Ce n'est pas ce que j'ai commandé. [snä pa skö schä komangdeh]
Holen Sie bitte den Chef.	Allez chercher le patron, je vous prie. [aleh schärschehl patrong schö wu pri]

■ BEZAHLEN | L'ADDITION [ladisjong]

Bezahlen, bitte	L'addition, S.V.P. [ladisjong sil wu plä]
Bitte alles zusammen.	Je paie le tout. [schö pä lö tu]
Könnte ich bitte eine Quittung bekommen?	Pourrais-je avoir une facture, s.v.p. ? [puräsch_awuar ün faktür sil wu plä]
Getrennte Rechnungen, bitte.	Vous faites des notes séparées, s.v.p. [wu fät deh not sehpareh sil wu plä]

> *www.marcopolo.de/franzoesisch*

ESSEN UND TRINKEN

Das Essen war ausgezeichnet. Le repas était excellent. [lö röpa ehtät_äksälang]
Vielen Dank für die Einladung! Merci pour l'invitation! [märsi pur längwitasjong]

Abendessen	le dîner [lö dineh]
Besteck	les couverts m [leh kuwär]
Bestellung	la commande [la komangd]
Brot	le pain [lö päng] ➤ S. 43
Diabetiker	le diabétique [lö djabehtik]
englisch (blutig)	saignant [sänjang]
Essig	le vinaigre [lö winägr]
fettarm	light [lajt]
frisch	frais/fraîche [frä/fräsch]
Frühstück	le petit déjeuner [lö pti dehschöneh] ➤ S. 46
Gabel	la fourchette [la furschät]
gebacken	frit/e [fri/frit]

WIE DIE EINHEIMISCHEN

Insider Tipps

▶ Kalt oder warm?
Im Französischen gibt es zwei Wörter für „Vorspeise": *entrée* [angtreh] und *hors-d'oeuvre* [ordöwr]. Letzteres ist immer kalt, während *entrée* kalt oder warm sein kann.

▶ Wie hätten Sie Ihr Fleisch gerne?
Achtung! Die Franzosen braten das Fleisch weniger durch als die Deutschen. Nehmen Sie deshalb eher eine Stufe mehr durchgebraten (z. B. *bien cuit* [bjäng küt] – gut durchgebraten), wenn Sie sicher gehen möchten, kein halb rohes Fleisch zu bekommen.

▶ Vin de la maison
In kleinen Restaurants lohnt es sich immer, den Wein des Hauses zu probieren. Auf der Getränkekarte finden Sie ihn unter *Vin de la maison* [wäng dö la mäson] / *Vin en carafe* [wäng ang karaf] / *Vin en pichet* [wäng ang pischä] / *Cuvée du patron* [küweh dü patrong] / *Cuvée* [küweh] + Name des Restaurants. Ansonsten fragen Sie am besten so: *Vous avez du vin en carafe?* [wus_aweh dü wäng ang karaf] – „Haben Sie offenen Wein?".

▶ «Une carafe d'eau, s. v. p.» [ün karaf doh sil wuplä]
In Frankreich kann man jederzeit zu seinem Getränk gratis eine Karaffe mit Leitungswasser bestellen. Wasser gehört nun einmal zum französischen Essen – wie das ebenfalls kostenlos servierte Brot!

Gericht	le plat [lö pla]
Getränk	la boisson [la buasong] ➤ S. 45, 52 f.
Gewürz	l'épice f [lehpis]
Glas	le verre [lö wär]
Gräte	l'arête f [larät]
Hauptspeise	le plat de résistance [lö plad rehsistangs] ➤ S. 47 ff.
heiß	très chaud/e [trä schoh/schohd]
kalorienarm	allégé [alehscheh]
kalt	froid/e [frua/fruad]
Kellner/in	le garçon/la serveuse [lö garsong/la särwöhs]
Kinderteller	la portion pour enfants [la porsjong pur_angfang]
Knoblauch	l'ail m [laj]
Koch/Köchin	le cuisinier/la cuisinière [lö küisinjeh/la küisinjär]
kochen	faire cuire [fär küir]; (Wasser) bouillir [bujir]
Löffel	la cuillère [la küijär]
Messer	le couteau [lö kutoh]
Mittagessen	le déjeuner [lö dehschöneh]
Nachtisch	le dessert [lö dehsär] ➤ S. 50 f.
Ober (Anrede)	Monsieur!/Madame! [mösjöh/madam]
Öl	l'huile f [lüil]
Pfeffer	le poivre [lö puawr]
Portion	la portion [la porsjong]
Salz	le sel [lö säl]
sauer	aigre [ägr]
scharf	fort, e [for, fort]
Senf	la moutarde [la mutard]
Serviette	la serviette [la särwjät]
Soße	la sauce [la sohs]
Suppe	la soupe [la sup], le potage [lö potasch] ➤ S. 46
süß	doux/douce [du/dus]
Tagesgericht	le plat du jour [lö pla dü schur]
Tasse	la tasse [la tas]
Teller	l'assiette f [lasjät]
Trinkgeld	le pourboire [lö purbuar]
vegetarisch	végétarien [weschetarijäng]
Vollkorn	le blé complet [bleh kongplä]
Vorspeise	le hors-d'œuvre [lö ordöwr], l'entrée [langtreh] ➤ S. 46 f.
Wasser	l'eau f [loh]
würzen	assaisonner [asäsoneh]
zäh	dur/e [dür]
Zahnstocher	le cure-dents [lö kürdang]
Zucker	le sucre [lö sükr]
(ohne) Zucker	(sans) sucre [sang sükr]

> *www.marcopolo.de/franzoesisch*

ESSEN UND TRINKEN

la salade
[la salad]

les haricots m
[leh ariko]

les piments m
[leh pimang]

les poivrons m
[leh puawrong]

les tomates f
[leh tomat]

le concombre
[lö kongkombr]

le chou-fleur
[lö schuflör]

les brocolis m
[leh brokoli]

les artichauts m
[lehs_artischoh]

les champignons m
[leh schangpinjong]

les aubergines f
[lehs_obärschin]

le céleri
[lö sälri]

les pommes f de terre
[leh pom dö tär]

les oignons m
[lehs_onjong]

l'ail m
[laj]

le gingembre
[lö schängschanbr]

l'avocat m
[lawoka]

les carottes f
[leh karot]

le chou
[lö schu]

le poireau
[lö puaro]

l'asperge f
[laspärsch]

les lentilles f
[leh langtij]

le potiron
[lö potirong]

la courgette
[la kurschät]

les petits pois m
[leh pti pua]

les pois m chiches
[leh pua schisch]

les épinards m
[lehs_ehpinar]

le maïs
[lö mais]

la sauge
[la sosch]

la menthe
[la mangt]

le persil
[lö pärsil]

le romarin
[lö romaräng]

les abricots m
[lehs_abrikoh]

les bananes f
[leh banan]

l'ananas m
[lananas]

mangue
[mangg]

la fraise
[fräs]

la pêche
[päsch]

le kiwi
[lö kiüi]

les raisins m
[leh räsäng]

la pomme
[pom]

les poires f
[leh puar]

les myrtilles f
[leh mirtij]

les cerises f
[leh söris]

les groseilles f
[leh grosäj]

les oranges f
[lehs_orangsch]

le citron
[lö sitrong]

les limettes
[leh limät]

la papaye
[la papaj]

la pastèque
[la pastäk]

le melon
[lö mölong]

le pamplemousse
[lö pangplömus]

la grenade
[la grönad]

les prunes f
[leh prün]

les mirabelles f
[leh mirabäl]

les figues f
[leh fig]

les litchis m
[leh litschi]

le pamplemousse
[lö pangplömus]

la noix de coco
[la nuad_koko]

les marrons m
[leh marong]

les cacahuètes f
[leh kakaüät]

les craneberges f
[leh kranbärsch]

les fruits secs m
[leh früi säk]

le mendiant
[lö mangdjang]

> *www.marcopolo.de/franzoesisch*

ESSEN UND TRINKEN

le pain/toast
[lö päng/tohst]

le pain noir
[lö päng nwar]

le pain complet
[lö päng kongplä]

la baguette
[la bagät]

le bagel
[lö bagäl]

le bretzel
[lö brätsäl]

le croissant
[lö kruasang]

le pain suédois
[lö päng süehdua]

la fougace
[la fugas]

le petit pain
[lö pti päng]

le petit pain complet
[lö pöti päng congplä]

le pain noir
[lö päng nuar]

la gaufre
[la gofr]

le donut
[lö donöt]

la viennoiseries
[la vjänuasri]

le gâteau
[lö gatoh]

la galette de riz
[la galät dö ri]

le musli
[lö müsli]

les cornflakes
[leh kornfläks]

le yaourt
[lö jaurt]

le beurre
[lö bör]

les œufs m
[lehs_ö]

le fromage
[lö fromasch]

le bleu
[lö blö]

le camembert
[lö camangbär]

le fromage blanc
[lö fromasch blang]

le lait
[lö lä]

le fromage blanc aux herbes
[lö fromasch blang os_ärb]

le Bonbel
[lö bongbäl]

le parmesan
[lö parmösang]

le fromage de brebis
[lö fromasch dö bröbi]

42 | 43

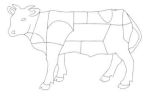

le boeuf
[lö böf]

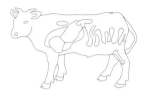

les abats m
[les_aba]

le mâle/la femelle
[lö mal/la fömäl]

le veau
[lö woh]

le porc
[lö por]

l'agneau m
[lanjoh]

le poulet
[lö puleh]

le canard
[lö kanar]

le lapin
[lö lapäng]

le sanglier
[lö sanglijeh]

le rôti
[lö roti]

la viande en morceaux
[la wjangd ang morsoh]

la viande hachée
[la wjangd ascheh]

la brochette
[la broschät]

le bifteck
[lö biftäk]

le filet
[lö fileh]

la côtelette
[la kotlät]

le rostbif
[lö rosbif]

les saucisses f
[leh sohsis]

le saucisson
[lö sohsisong]

le salami
[lö salami]

le jambon cuit
[lö schangbong küi]

le jambon cru
[lö schangbong krü]

le lard fumé
[lö lar fümeh]

le poulet rôti
[lö pulä roti]

la cuisse de poulet
[la küis dö puleh]

> *www.marcopolo.de/franzoesisch*

ESSEN UND TRINKEN

le loup de mer
[lö lud_mär]

la truite
[la trüite]

le thon
[lö tong]

le saumon
[lö somong]

les sardines f
[leh sardin]

les crevettes f
[leh kröwät]

la langoustine
[la angustin]

le homard
[lö omar]

les moules f
[leh mul]

le calamar
[lö kalamar]

les huîtres f
[lehs_üitr]

le caviar
[lö kawjar]

l'eau plate f
[loh plat]

l'eau gazeuse f
[loh gasös]

le lait
[lö lä]

le lait de soja
[lö läd_soscha]

le jus (de fruit)
[lö schü(d_früi]

le coca
[lö koka]

la boisson énergisante
[la buasong ehnärschisangt]

la bière
[la bjär]

le thé
[lö teh]

le café
[lö kafeh]

le chocolat chaud
[lö schokola schoh]

les glaçon m
[leh glasong]

le vin rouge
[lö wäng rusch]

le vin blanc
[lö wäng blang]

le crémant
[lö krehmang]

lö cocktail
[lö koktäl]

■ PETIT-DÉJEUNER [pötidehschöneh] | FRÜHSTÜCK

 Zeigebilder: Seite 42 ff.

café noir [kafeh nuar]	schwarzer Kaffee
café au lait [kafeh oh lä]	Kaffee mit Milch
café décaféiné [kafeh dehkafehineh]	koffeinfreier Kaffee
thé au lait/au citron [teh oh lä/oh sitrog]	Tee mit Milch/Zitrone
tisane [tisan]	Kräutertee
chocolat [schokola]	Schokolade
jus de fruit [schüd frü]	Fruchtsaft
œuf à la coque [öf_a la kok]	weich gekochtes Ei
œufs au bacon [öf oh bäkon]	Eier mit Speck
œufs brouillés [öh brujeh]	Rührei
pain/petits pains/toasts [päng/pti päng/tohst]	Brot/Brötchen/Toast
croissant [kruasang]	Croissant
beurre [bör]	Butter
fromage [fromasch]	Käse
charcuterie [scharkütri]	Wurst
jambon [schangbong]	Schinken
miel/confiture [mjäl/kongfitür]	Honig/Marmelade
musli [müsli]	Müsli
yaourt [jaurt]	Joghurt
fruits [früi]	Obst

■ POTAGES ET SOUPES [potasch eh sup] | SUPPEN

bisque d'écrevisses [bisk dehkröwis]	Krebssuppe
bouillabaisse [bujabäs]	Fischsuppe aus Marseille
consommé de poulet [kongsomehd pulä]	Hühnersuppe
potage au cresson [potasch_oh krehsong]	Kressecremsuppe
soupe à l'oignon [sup a lonjong]	Zwiebelsuppe
soupe de poisson [sup dö puasong]	Fischsuppe
soupe à la tortue [sup a la tortü]	Schildkrötensuppe
velouté d'asperges [wöluteh daspärsch]	Spargelcremsuppe

■ HORS-D'ŒUVRE [ordövr] | KALTE VORSPEISEN

asperges à la crème [aspärsch a la kräm]	Spargel mit Rahmsoße
avocat vinaigrette [awoka winägrät]	Avocadohälfte mit Sauce Vinaigrette
carpaccio de bœuf [karpatschioh dö böf]	Carpaccio vom Rind
cœurs d'artichauts [kör dartischoh]	Artischockenherzen

> *www.marcopolo.de/franzoesisch*

SPEISEKARTE

crudités variées [krüditeh warjeh]	Rohkostteller
filets de harengs [filä dö arang]	Heringsfilets
jambon cru [schangbong krü]	roher Schinken
jambon fumé [schangbong fümeh]	geräucherter Schinken
melon au porto [mölong oh portoh]	Melone mit Portwein
pâté de campagne [patehd kangpanj]	Bauernpastete
pâté de foie [patehd fua]	Leberpastete
rillettes [rijät]	Schweinefleischpastete im Topf
salade niçoise [salad nisuas]	Gemischter Salat aus (u. a.) grünen Bohnen, Kartoffeln und Thunfisch
saumon fumé [sohmong fümeh]	Räucherlachs
tartare de saumon [tartar dö somong]	Lachstatar
terrine de canard [tärin dö kanar]	Entenpastete
terrine de saumon [tärin dö sohmong]	Lachspastete

ENTRÉES [angtreh] | WARME VORSPEISEN

bouchée à la reine [buscheh a la rän]	Königinpastete
cuisses de grenouilles [küis dö grönuj]	Froschschenkel
escargots à la bourguignonne [äskargoh a la burginjon]	Weinbergschnecken in Kräuterbutter
feuilleté de chèvre chaud [föjteh dö schävr schoh]	warmer Ziegenkäse in Blätterteig
quiche au chèvre [kisch_oh schävr]	Quiche mit Ziegenkäse
quiche lorraine [kisch lorän]	Quiche mit Schinken
tête de veau vinaigrette [tät dö woh winägrät]	saurer Kalbskopf

VIANDES [vjangd] | FLEISCH

 Zeigebilder: Seite 44

agneau [anjoh]	Lammfleisch
bœuf [böf]	Rindfleisch
mouton [mutong]	Hammelfleisch
porc [por]	Schweinefleisch
veau [woh]	Kalbfleisch
bifteck [biftäk]	Steak
blanquette de veau [blankät dö woh]	Kalbsragout
bœuf bourguignon [böf burginjong]	geschmortes Rindfleisch in Rotwein
brochettes d'agneau [broschät danjoh]	Lammspieße
cassoulet [kasulä]	verschiedene Fleischsorten (u. a. Gänsefleisch) mit weißen Bohnen

choucroute [schukrut]	Sauerkraut mit diversen Fleischsorten
cochon de lait [koschongd lä]	Spanferkel
côte de bœuf [koht dö böf]	Rindskotelett
entrecôte [angtrökoht]	Zwischenrippenstück vom Rind
épaule [ehpohl]	Schulterstück
escalope de veau [äskalop dö woh]	Kalbschnitzel
escalope panée [äskalop paneh]	Wiener Schnitzel
filet de bœuf [filäd böf]	Rinderfilet
foie [fua]	Leber
gigot d'agneau [schigoh danjoh]	Lammkeule
grillade de bœuf [grijad dö böf]	gegrilltes Rinderkotelett
jarret de veau [scharäd woh]	Kalbshaxe
langue [lang]	Zunge
pavé de bœuf [paweh dö böf]	dickes Rindersteak
paupiettes de veau [pohpjät dö woh]	Kalbsrouladen
ris de veau [rid_woh]	Kalbsbries
rognons [ronjong]	Nieren
rôti [roti]	Braten
sauté de veau [sohtehd woh]	Kalbsragout
steak au poivre [stäk_oh puawr]	Pfeffersteak
tournedos [turnödo]	dickes Filetsteak

VOLAILLES ET GIBIER [wolaj eh schibjeh] | GEFLÜGEL UND WILD

> Zeigebilder: Seite 44

caille [kaj]	Wachtel
canard à l'orange [kanar a lorangsch]	Ente mit Orange
civet de lièvre [siwäd lijäwr]	Hasenpfeffer
coq au vin [kokoh wäng]	Hahn in Rotwein
cuissot de chevreuil [küisohd schöwröj]	Rehkeule
dinde truffée [dängd trüfeh]	Truthenne mit Kastanien
faisan [fösang]	Fasan
lapin chasseur [lapäng schasör]	Kaninchen nach Jägerart
magret de canard [magrä dö kanar]	Entenbrust
oie aux marrons [ua oh marong]	Gans mit Maronenfüllung
perdrix [pärdri]	Rebhuhn
pigeon [pischong]	Taube
pintade [pängtad]	Perlhuhn
poule au riz [pul oh ri]	Huhn mit Reis
poulet rôti [puläng roti]	Brathähnchen
sanglier [sanglijeh]	Wildschwein

> www.marcopolo.de/franzoesisch

SPEISEKARTE

■ CRUSTACÉS ET COQUILLAGES [krüstaseh eh kokillasch]
SCHALTIERE UND MUSCHELN

coquilles Saint-Jacques [kokij sängschak]	Jakobsmuscheln
crabe [krab]	Krebs
crevettes [kröwät]	Garnelen, Krabben
écrevisse [ehkröwis]	Flusskrebs
homard [omar]	Hummer
huîtres [üitr]	Austern
langouste au gratin [langust_oh gratäng]	Languste mit Käse überbacken
langoustines [langgustin]	Langustinen
moules [mul]	Miesmuscheln
plateau de fruits de mer [platoh dö früi dö mär]	verschiedene Meeresfrüchte

■ POISSONS [puasong] | FISCH

 Zeigebilder: Seite 45

POISSONS DE MER [puasong dö mär] MEERESFISCHE

aiglefin [ehglöfäng]	Schellfisch
bar [bar]	Seebarsch/Wolfsbarsch
cabillaud [kabijoh]	Kabeljau
calamars [kalamar]	Tintenfisch
calamars frits [kalamar fri]	gebratene Tintenfischringe
colin [koläng]	Seelachs
daurade [dorad]	Goldbrasse
espadon [äspadong]	Schwertfisch
hareng [arang]	Hering
lotte [lot]	Seeteufel
loup de mer [lu dö mär]	Seewolf
maquereau [makroh]	Makrele
morue [morü]	Kabeljau, Stockfisch
pavé de saumon [pawehd_sodmong]	(dickes) Lachssteak
rouget [ruschä]	Rotbarbe
sole meunière [sol mönjär]	Seezunge Müllerin
steak de thon [stäk dö tong]	Thunfischsteak
turbot [türboh]	Steinbutt

POISSONS D'EAU DOUCE [puasong doh duhs] SÜSSWASSERFISCHE

anguille [angij]	Aal
brochet au bleu [broscheh oh blöh]	Hecht blau
carpe [karp]	Karpfen
perche [pärsch]	Barsch

petite friture (de poissons) [pötit fritür (dö puasong)] — gebratene kleine Fische
quenelles de brochet [könäl dö broscheh] — Hechtklößchen
sandre [sangdr] — Zander
truite [trüit] — Forelle

LÉGUMES [lehgüm] | GEMÜSE

Zeigebilder: Seite 41

chou-fleur [schuflör] — Blumenkohl
courgette [kurschät] — Zucchini
endives au gratin [angdiw_oh gratäng] — überbackener Chicorée
épinards [ehpinar] — Spinat
fenouil [fönuj] — Fenchel
flageolets [flascholä] — grüne Bohnenkerne
jardinière de légumes [schardinjär dö lehgüm] — gemischtes Gemüse
petits pois [pti pua] — Erbsen
pommes de terre sautées [pom dö tär sohteh] — Bratkartoffeln
pommes dauphine/duchesse [pom dö dohfin/düschäs] — Kartoffelkroketten
pommes mousseline [pom muslin] — Kartoffelpüree
pommes nature/vapeur [pom natür/wapör] — Salzkartoffeln
ratatouille niçoise [ratatuj nisuas] — Mischgemüse aus Tomaten, Paprika, Auberginen und Zucchini
roquette [rokät] — Ruccola
salsifis [salsifi] — Schwarzwurzeln

PÂTES ET RIZ [pats_eh ri] | TEIGWAREN UND REIS

macaronis [makaroni] — Makkaroni
nouilles [nuj] — Nudeln
riz au curry [ri oh küri] — Curryreis

FROMAGES [fromasch] | KÄSE

Zeigebilder: Seite 43

assortiment de fromages [asortimang dö fromasch] — Käseauswahl
fromage au lait cru [fromasch_oh lä krü] — Rohmilchkäse
fromage blanc [fromasch blang] — feiner Quark

> *www.marcopolo.de/franzoesisch*

SPEISEKARTE

fromage de chèvre [fromasch dö schäwr]	Ziegenkäse
gruyère [grüjär]	Schweizer Käse
petit suisse [pti süis]	kleine Feinquarkröllchen
roquefort [rokfor]	Grünschimmelkäse

■ DESSERTS [däsär] | NACHSPEISEN

baba au rhum [baba oh rom]	rumgetränkter Hefekuchen
beignets aux pommes [bänjä oh pom]	Apfelbeignets
charlotte [scharlot]	Süßspeise aus Löffelbiskuits mit Früchten und Vanillecreme
crème caramel [kräm karamäl]	Karamell-Vanillecreme
crème Sabayon [kräm sabajong]	Weinschaumcreme
flan [flang]	Karamelpudding
gâteau [gatoh]	Kuchen
île flottante [il flohtangt]	Eischnee auf Vanillesoße
omelette norvégienne [omlät norwehschjän]	mit Vanilleeis gefüllter überbackener Eierschnee
profiteroles [profitrol]	kleine Windbeutel mit Cremefüllung
tarte aux pommes [tart oh pom]	Apfelkuchen
tarte Tatin [tart tatäng]	umgestürzter Apfelkuchen

■ FRUITS [früi] | OBST

 Zeigebilder: Seite 42

abricots [abrikoh]	Aprikosen
cerises [söris]	Kirschen
fraises [fräs]	Erdbeeren
framboises [frangbwas]	Himbeeren
macédoine de fruits [masehduan dö früi]	Fruchtsalat
pêches [päsch]	Pfirsiche
poires [puar]	Birnen
pommes [pom]	Äpfel
prunes [prün]	Pflaumen
raisins [räsäng]	Trauben

■ GLACES [glas] | EIS

glaces ... [glas]	
au chocolat [oh schokola]	Schokoladeneis

à la fraise [a la fräs]	Erdbeereis
à la pistache [a la pistasch]	Pistazieneis
à la vanille [a la wanij]	Vanilleeis
café liégeois [kafeh ljehschua]	Eiskaffee
dame blanche [dam blangsch]	Vanilleeis mit Schokoladensoße
poire Belle-Hélène [puar bäl_ehlän]	Birne mit Eis und Schokoladensoße
sorbet au citron [sorbä oh sitrong]	Zitronensorbet

■ BOISSONS SANS ALCOOL [buasong sangs_alkol]
■ ALKOHOLFREIE GETRÄNKE

la bière sans alcool [la bjär sangs_alkol]	alkoholfreies Bier
jus de fruits [schüd früi]	Fruchtsäfte
la limonade [la limonad]	Limonade
le lait [lö lä]	Milch
l'eau f **minérale** [loh minehral]	Mineralwasser
le jus d'orange [lö schü dorangsch]	Orangensaft

■ CAFÉ ET THÉ [kafeh e teh] | KAFFEE UND TEE

café crème [kafeh kräm]	Kaffee mit Sahne
café express [kafeh äkspräs]	Espresso
café au lait [kafeh oh lä]	Kaffee mit Milch
thé nature/au lait/au citron [teh natür/oh sitrong]	Tee natur/mit Milch/mit Zitrone

■ VIN ROUGE/VIN BLANC [wäng rusch/wäng blang]
■ ROTWEIN/WEISSWEIN

un (verre de vin) rouge [äng (wär dö wäng) rusch]	ein Glas Rotwein
1 quart de vin blanc [äng kar dö wäng blang]	ein Viertel Weißwein
1 pichet de rosé [äng pischäd rohseh]	20 bis 50 cl. Rosé
Appellation contrôlée	Markenweine
Beaujolais [bohscholä]	frischer, fruchtiger Rotwein
Bordeaux [bordoh]	fruchtiger, harmonischer Rotwein, trockener Weißwein, likörähnlicher Weißwein
Bourgogne [burgonj]	Burgunder
Champagne [schangpanj]	Champagner
Côtes-de-Provence [koht dö prowangs]	kräftiger Rotwein, auch Rosé
Côtes-du-Rhône [koht dü rohn]	vollmundiger Rotwein

> *www.marcopolo.de/franzoesisch*

GETRÄNKEKARTE

■ BIÈRE [bjär] | BIER

pression [prehsjong]	offenes Bier
bouteille [butäj]	Flaschenbier
un demi [äng dmi]	25 cl
un sérieux [äng sehrjöh]	50 cl

■ APÉRITIFS [apehritif] | APERITIFS

Muscat (Rivesaltes/Frontignan) [müska (riwsalt/frongtignang)]	Aperitifweine (süß)
Pernod [pärnoh]/**Ricard** [rikar]	Aperitifs mit Anisgeschmack, «pastis» genannt
Suze [süs]	Aperitif mit Enziangeschmack

■ ALCOOLS ET LIQUEURS [alkol eh likör] | SCHNÄPSE UND LIKÖRE

Armagnac [armanjak]	Branntwein
Calvados [kalwadohs]	Apfelschnaps
Chartreuse [schartröhs]	Kräuterlikör
Framboise [frangbuas]	Himbeergeist
Marc [mar]	Tresterschnaps
Mirabelle [mirabäl]	Mirabellenschnaps
Cognac [konjak]	Branntwein
Cidre [sidr]	Apfelwein

WIE DIE EINHEIMISCHEN

Insider Tipp

>> **Le café à la française**

Die französische Kaffeekultur ist bei weitem nicht so entwickelt wie in Italien, aber einige Nuancen sollte man doch kennen.
So wird oft bestellt:
un grand crème [äng grang kräm] = un grand café au lait (großer Milchkaffee)
un petit crème [äng pti kräm] = un petit café au lait (kleiner Milchkaffee)
un grand noir [äng grang nuar] = un grand café noir (großer schwarzer Kaffee)
un petit noir [äng pti nuar] = un express (äkspräs) (Espresso)
une noisette [ün nuasät] (eine Nuss) ist ein schwarzer Kaffee mit etwas Milch.
Je nach Gegend können die Bezeichnungen und deren Bedeutungen etwas variieren.

> ERFOLGREICH SHOPPEN

Mal ist es der schicke Schuh oder das schöne Souvenir, mal die Zahnbürste oder das Vollkornbrot – jetzt sind Sie für alle Eventualitäten gerüstet. Plus: praktische Zeigebilder

■ IM GESCHÄFT | AU MAGASIN [oh magasäng]

Danke, ich sehe mich nur um.	Merci, je regarde. [märsi, schö rögard]
Wo finde ich ...?	Où est-ce qu'on peut acheter ...? [u äs kong pöht aschteh]
Ich möchte ...	J'aimerais ... [schämrä]
Haben Sie ...?	Vous avez ...? [wus_aweh]
Nehmen Sie Kreditkarten?	Vous prenez les cartes de crédit? [wu pröneh leh kart dö krehdi]
Wie viel kostet es?	Combien ça coûte? [kongbjäng sa kut]
Das ist etwas teuer.	C'est un peu cher. [sät_äng pö schär]

EINKAUFEN

Können Sie am Preis noch etwas machen?	Est-ce que vous pouvez encore faire une petite réduction? [äs_kö wu puweh angkor fär ün pötit rehdüksjong]
Ich zahle höchstens ...	Je vais jusqu'à ... [schö wä schüska ...]
Ich nehme es.	Je le/la/les prends. [schö lö/la/leh prang]
Können Sie mir ein ...geschäft empfehlen?	Vous pourriez m'indiquer un magasin de ...? [wu purjeh mängdikeh äng magasäng dö]

ÖFFNUNGSZEITEN HEURES D'OUVERTURE [ör duwärtür]

offen	ouvert [uwär]
geschlossen	fermé [färmeh]
Betriebsferien	vacances jusqu'au ... [wakangs schüskoh]

GESCHÄFTE | MAGASINS [magasäng]

l'office de tourisme
[lofis dö turism]

le bureau de poste
[lö bürohd post]

la pharmacie
[la farmasi]

la parapharmacie
[la parafarmasi]

la boulangerie
[la bulangschri]

le magasin de fruits et légumes
[lö magasängd_frui eh lehgüm]

la boucherie
[la buschri]

le magasin de produits naturels
[lö magasängd_produi natüräl]

le magasin de chaussures
[lö magasängd schohsür]

l'opticien m
[loptisjäng]

la bijouterie
[la bischutri]

la maroquinerie
[la marokinri]

le magasin d'électroménager
[lö magasänd deläktromenascheh]

le magasin d'informatique
[lö magasäng dängformatik]

le photographe
[lö fotograf]

la boutique de téléphones
[la butik dö tehlehfon]

le marchand de journaux
[lö marschangd schurnoh]

la librairie
[la libräri]

le magasin de disques
[lö magasänd_disk]

le magasin de jouets
[lö magasängd schuä]

le marchand de vins
[lö marschang dö wäng]

le commerce de spiritueux
[lö komärs dö spiritüöh]

le bureau de tabac
[lö bürohd taba]

le magasin (d'articles) de sport
[lö magasäng (dartiklö) dö spor]

le fleuriste
[lö flörist]

le salon de coiffure
[lö salongd kuafür]

la mercerie
[la märsöri]

l'agence f de voyages
[laschangs dö wuajasch]

Einkaufszentrum	le centre commercial [lö sangtrö komärsjal]
Flohmarkt	le marché aux puces [lö marscheh oh püs]
Kaufhaus	le grand magasin [lö grang magasäng]
Konditorei	la pâtisserie [la patisri]
Markt	le marché [lö marscheh]
Reiseandenken	les souvenirs m [leh suwnir]
Supermarkt	le supermarché [lö süpermarscheh]

> *www.marcopolo.de/franzoesisch*

EINKAUFEN

APOTHEKE | LA PHARMACIE [la farmasi]

> Arzt: Seite 90 ff.

Wo ist die nächste Apotheke?	Vous pourriez m'indiquer une pharmacie, s.v.p.? [wu purjeh mängdikeh ün farmasi sil wu plä]
Geben Sie mir bitte etwas gegen ...	Donnez-moi quelque chose contre ..., s.v.p. [doneh mua kälkö schohs kongtr sil wu plä]

MAN NEHME ... ON PREND ... [ong prang]

innerlich	ingestible [ängschästiblö]
äußerlich	pour usage externe [pur üsasch äkstärn]
vor dem Essen	avant les repas [awang leh rpa]
nach dem Essen	après les repas [aprä leh rpa]

> weiter auf Seite 60

WIE DIE EINHEIMISCHEN

Insider Tipps

Auch sonntags

Grundsätzlich können Sie in Frankreich davon ausgehen, dass jedes Geschäft bis 19 Uhr geöffnet ist, manche sogar bis 19.30 Uhr, *hypermarchés* (Riesensupermärkte) meistens bis 22 Uhr. Sonntags werden Sie zumindest bis 12 Uhr noch fast alles bekommen, was Ihr Herz begehrt.

Feine Unterschiede

Marchés aux puces [marscheh oh püs] und *foires à la brocante* [fuar a la brokangt] sind eher populäre Flohmärkte bzw. Trödelmärkte, bei denen aber auch Profis einen Stand haben können. Auf den *foires à tout* [fuar a tu] oder *bric à brac* [brik a brak] kann alles verkauft werden; man findet dort oft eine Riesenauswahl an Kinderkleidern und Spielzeug. Sie werden von den Gemeinden organisiert und sind im Allgemeinen Privatleuten als Verkäufern vorbehalten. Eher für gehobene Ansprüche sind die *salons d'antiquités* [salong dangtikiteh].

DROGERIE | LA PARAPHARMACIE [la parafarmasi]

le savon
[lö sawong]

le déodorant
[lö dodorang]

la crème
[la kräm]

le papier toilette
[lö papjeh twalät]

la brosse à dents
[la bros a dang]

le dentifrice
[lö dangtifris]

le fil dentaire
[lö fil dangtär]

les mouchoirs m en papier
[leh muschuar ang papjeh]

le shampooing
[lö schangpuäng]

le fixateur
[lö fiksatör]

le peigne/la brosse à cheveux
[lö pänj/la bros a schwöh]

la glace
[la glas]

lime à ongles
[lim a onggl]

la pince à épiler
[la pängs a ehpileh]

les ciseaux m à ongles
[leh sisoh a onggl]

le parfum
[lö parfäng]

les tampons m
[leh tangpong]

les serviettes f hygiéniques
[leh särwjät ischjehnik]

le mascara
[lö maskara]

le rouge à lèvres
[lö rusch a läwr]

la lame de rasoir
[la lam dö rasuar]

le rasoir
[lö rasuar]

la lotion après-rasage
[la losjong aprärasasch]

le préservatif
[lö prehsärwatif]

la crème solaire
[la kräm solär]

la bouillotte
[la bujot]

le sparadrap
[lö sparadra]

les boules f Quies
[leh bul kjäs]

aiguille
[äguij]

le fil
[lö fil]

l'épingle f de sûreté
[lehpängl dö sürteh]

le bouton
[lö butong]

> *www.marcopolo.de/franzoesisch*

EINKAUFEN

ELEKTRO/COMPUTER/FOTO
ELECTROMENAGER/INFORMATIQUE/PHOTO [ehläktro/ängformatik/fotoh]

la lampe de poche
[la langp dö posch]

l'ampoule f
[langpul]

la pile
[la pil]

l'adaptateur m
[ladaptatör]

le (ordinateur) portable
[lö (ordinatör) portabl]

le câble réseau
[lö kabl rehsoh]

le CD/DVD
[lö sehdeh/dewehdeh]

la clé USB
[la kleh üäsbeh]

l'imprimante f
[längprimangt]

le scanner
[lö skanär]

le (téléphone) portable
[lö (tehlehfon) portabl]

le chargeur
[lö scharschör]

le téléviseur
[lö tehlehwisör]

la radio
[la radjoh]

le MP3/l'iPod
[lö empehtrua/laipod]

les écouteurs m
[lehs_ehkutör]

l'appareil photo numérique
[laparäj foto nümehrik]

le téléobjectif
[lö tehlobschäktif]

la batterie
[la batri]

la carte mémoire
[la kart mehmuar]

la pellicule
[la pälikül]

la diapo
[la djapoh]

l'appareil m photo étanche
[laparäj foto ehtangsch]

le caméscope
[lö kameskop]

le réveil
[lö rehwäj]

le rasoir électrique
[lö rasuar ehläktrik]

la brosse à dents électrique
[la bros a dang ehläktrik]

le sèche-cheveux
[lö säsch schöwöh]

58 | 59

Abführmittel	le laxatif [lö laksatif]
Antibabypille	la pillule (anticonceptionnelle) [la pilül (angtikongsäpsjonäl)]
Antibiotikum	l'antibiotique m [langtibjotik]
Aspirin	l'aspirine f [laspirin]
Augentropfen	le collyre liquide [lö kolir likid]
Beruhigungsmittel	le tranquillisant [lö trankilisang]; le calmant [lö kalmang]
Brandsalbe	la pommade contre les brûlures [la pomad kongtrö leh brülür]
Desinfektionsmittel	l'antiseptique m [langtisäptik]
Fieberthermometer	le thermomètre [lö tärmomätr]
Gegengift	l'antidote m [langtidot]
Gurgelwasser	le gargarisme [lö gargarism]
Halstabletten	les pastilles f contre le mal de gorge [leh pastij kongtrö lö mal dö gorsch]
Hustensaft	le sirop contre la toux [lö siroh kongtrö la tu]
Insektenmittel	l'insecticide m [längsäktisid]
Insulin	l'insuline f [längsülin]
Jod(tinktur)	la teinture d'iode [la tängtür djod]
Kamillentee	la camomille [la kamomij]
Kondom	le préservatif [lö prehsärwatif]
Kopfschmerztabletten	les cachets m contre les maux de tête [leh kaschä kongtrö leh mohd tät]
Kreislaufmittel	le médicament pour la circulation [lö mehdikamang pur la sirkülasjong]
Magentropfen	les gouttes f pour les maux d'estomac [leh gut pur leh moh dästoma]
Medikament	le médicament [lö mehdikamang]
Mittel	le remède [lö römäd]
Mullbinde	la gaze [la gas]
Nebenwirkungen	les réactions secondaire [leh rehaksjong sögongdär]
Ohrentropfen	les gouttes f pour les oreilles [leh gut pur lehs_oräj]
Pflaster	le sparadrap [lö sparadra]
Puder	la poudre [la pudr]
Rezept	l'ordonnance f [lordonangs]
Salbe	la pommade [la pomad]
Schlaftabletten	les somnifères m [leh somnifär]
Schmerztabletten	les cachets m contre la douleur [leh kaschä kongtrö la dulör]
Sonnenbrand	le coup de soleil [lö ku dö soläj]
Tablette	le comprimé [lö kongprimeh]; le cachet [lö kaschä]
Traubenzucker	le glucose [lö glükohs]
Tropfen	les gouttes f [leh gut]
Zäpfchen	les suppositoires m [leh süpohsituar]

> *www.marcopolo.de/franzoesisch*

EINKAUFEN

■ FRISEUR | LE SALON DE COIFFURE [lö salongd kuafür]

Kann ich mich für morgen anmelden?	Est-ce que je peux prendre rendez-vous pour demain? [äs_kösch pöh prangdr rangdehwu pur dehmäng]
Waschen und föhnen, bitte.	Shampooing et brushing, s.v.p. [schangpuäng eh brösching sil wu plä]
Schneiden mit/ ohne Waschen, bitte.	Une coupe avec/sans shampooing, s.v.p. [ün kup awäk/sang schangpuäng sil wu plä]
Ich möchte ...	Je voudrais ... [schwudrä]
mir die Haare färben/ tönen lassen.	une coloration [ün kolorasjong]/ un rinçage. [äng rängsasch]
Etwas kürzer/ Nicht zu kurz/ Ganz kurz, bitte.	Un peu plus court/Pas trop court/Très court, s.v.p. [äng pöh plü kur/pa troh kur/trä kur][sil wu plä]
Rasieren, bitte.	Un rasage, s.v.p. [äng rasasch sil wu plä]
Stutzen Sie mir bitte den Schnurrbart/Bart.	Vous me taillez la moustache/la barbe, s.v.p. [wum tajeh la mustasch/la barb sil wu plä]
Vielen Dank. So ist es gut.	Merci beaucoup. Ça très bien. [märsi bohku sä trä bjäng]

Augenbrauen zupfen	épiler les sourcils [ehpileh leh sursi]
Bart	la barbe [la barb]
blond	blond/e [blong/blongd]
färben	faire une coloration [fär ün kolorasjong]
föhnen	faire un brushing [fär äng brösching]
frisieren	coiffer [kuafeh]
Frisur	la coiffure [la kuafür]; la coupe de cheveux [la kup dö schwöh]
glätten	défriser [dehfriseh]
Haar	les cheveux [leh schwöh]
Haarschnitt	la coupe [la kup]
kämmen	peigner [pehnjeh]
Locken	les boucles f [leh bukl]
Pony	frange [frangsch]
Scheitel	la raie [la rä]
Schnurrbart	la moustache [la mustasch]
Schuppen	les pellicules f [leh pehlikül]
Shampoo	le shampooing [lö schangpuäng]
Spitzen schneiden	couper les pointes [kupeh leh puängt]
Strähne	mèches [mäsch]
Stufen	en dégradé [ang dehgradeh]
tönen	faire un rinçage [fär äng rängsasch]

KLEIDUNG | VÊTEMENTS [vätmang]

Können Sie mir ... zeigen?	Est-ce que vous pouvez me montrer ...? [äs_kö wu puwehm mongtreh]
Kann ich es anprobieren?	Je peux l'essayer? [schpöh lehsäjeh]
Welche (Konfektions-) Größe haben Sie?	Quelle taille faites-vous? [käl taj fät wu]
Das ist mir zu ...	Il est trop ... pour moi. [il ä troh ... pur mua]
eng/weit.	étroit/large [ehtrua/larsch]
kurz/lang.	court/long [kur/long]
klein/groß.	petit/grand [pti/grang]
Das passt gut. Ich nehme es.	Il me vabien. Je le prends. [il mö wa bjäng schöl prang]
Das ist nicht ganz, was ich wollte.	Ce n'est pas tout à fait ce que je voulais. [sö nä pa tut_a fä skösch wulä]
Danke, ich denke nochmals darüber nach.	Merci, je vais réfléchir [märsi schö wä rehflehschir]

WIE DIE EINHEIMISCHEN

36=38

Insider Tipp

> **Keine Angst ...**

Wenn es um Kleidungsstücke geht, ist das Leben in Frankreich nicht immer ganz einfach – zumindest für Deutschsprechende.
Costumes werden nur von Männern getragen, denn Frauen tragen *tailleurs*. Bei Hemden und Blusen ist es genauso verwirrend: *La chemise* (also weiblich) ist für den Mann, aber *le chemisier* (männlich) ist nur für Frauen. Schließlich verfügt die französische *veste* über Ärmel, während die „ärmellose" Version *gilet* genannt wird.
Und zu allem Überfluss könnten Sie einen Schreck bekommen, wenn Sie etwas anprobieren und plötzlich merken, dass Sie eine Nummer größer brauchen als zu Hause. Nicht gleich verzweifeln: Sie haben nicht zugenommen, sondern die Größe 38 entspricht in Frankreich Größe 40.

> *www.marcopolo.de/franzoesisch*

EINKAUFEN

le tee-shirt [lö tischört] — le pull(-over) [lö pülowär] — le pull à cagoule [lö pül_a kagul] — la veste [la wäst]

le pantalon [lö pangtalong] — le short/bermuda [lö schort/bärmüda] — la jupe [la schüp] — la ceinture [la sängtür]

le chemisier [lö schmisjeh] — la chemise [la schmis] — la veste [la wäst] — la veste en laine [la wäst_ang län]

le costume [lö kostüm] — la robe [la rob] — le tailleur [lö tajör] — le manteau [lö mantoh]

les collants m [leh kolang] — les sous-vêtements m [leh suvätmang] — le peignoir [lö pänjuar]

les chaussettes f [leh schohsät]; les bas m [leh ba] — le maillot de bain [lö majohd bäng] — le maillot une pièce [lö majoh ün pjäs] — le bikini [lö bikini]

le bonnet/la casquette [lö bonä/la kaskät] — le chapeau [lö schapoh] — les gants m [leh gang] — l'écharpe f [lehscharp]

62 | 63

LEBENSMITTEL
LES DENREES ALIMENTAIRES [leh dangreh alimangtär]

 Eine ausführliche Übersicht von Lebensmitteln und Gerichten finden Sie im Kapitel ESSEN UND TRINKEN auf Seite 41 ff.

Geben Sie mir bitte ...	Donnez-moi ..., s.v.p. [doneh mua sil wu plä]
ein Pfund (500 g) ...	une livre (500 g) ... [ün liwr (sängksang gram)]
ein Stück von ...	un morceau de ... [äng morsoh dö]
eine Packung ...	un paquet de ... [äng pakä dö]
eine Dose ...	une boîte de ... [ün buat dö]
eine Flasche ...	une bouteille de ... [ün butäj dö]
eine Einkaufstüte.	un sac en plastique [äng sak ang plastik]
Danke, das ist alles.	Merci. C'est tout. [märsi sä tu]
Backwaren	pâtisserie [patisri] > S. 43, 46, 50 f.
Biokost	les aliments bio [leh_salimang bijo]
Brot	le pain [lö päng] > S. 43, 46
Butter	le beurre [lö bör] > S. 43, 46
Eier	les œufs m [lehs_öh]] > S. 43, 46
Eis	la glace [la glas] > S. 51
Essig	le vinaigre [lö winägr]
Fleisch	la viande [la wjangd] > S. 44, 47 f.
Gemüse	les légumes m [leh lehgüm] > S. 41, 50
Getränke	les boissons f [leh buasong] > S. 45 f., 52 f.
Kaffee	le café [lö kafeh] > S. 46, 52 f.
Käse	le fromage [lö fromasch] > S. 43, 50
Margarine	la margarine [la margarin]
Marmelade	la confiture [la kongfitür] > S. 46
Mehl	la farine [la farin]
Milchprodukte	produits laitiers [prodüi lätjeh] > S. 43
Nudeln	les nouilles f [leh nuj]

WIE DIE EINHEIMISCHEN

Insider Tipp

Je nach Größe

Wussten Sie, dass das Wort *baguette* [bagät] nur eines der in verschiedenster Größe erhältlichen Stangenweißbrote bezeichnet? Kleiner ist beispielsweise *la ficelle* [la fisäl] („Bindfaden"), aber *la flûte* [la flüt] („Flöte") ist größer und *le pain* [lö päng] („Brot") sogar noch größer.

> *www.marcopolo.de/franzoesisch*

EINKAUFEN

Obst	les fruits m [leh früi] ➤ S. 42, 46, 51
Öl	l'huile f [lüil]
Pfeffer	le poivre [lö puawr]
Sahne	la crème [la kräm]
Salz	le sel [lö säl]
Schokolade	le chocolat [lö schokola] ➤ S. 46
Süßigkeiten	les friandises f [leh frijangdis] ➤ S. 50 f.
Vollkorn	le blé complet [lö bleh kongplä]
Würstchen	la saucisse [la sohsis]
(ohne) Zucker	(sans) sucre [(sang) sükr]

OPTIKER | L'OPTICIEN [loptisjäng]

Würden Sie mir bitte diese Brille reparieren?	Je voudrais faire réparer ces lunettes. [schö wudrä fär rehpareh seh lünät]
Ich bin kurzsichtig/weitsichtig.	Je suis myope/hypermétrope. [schö süi mjop/ipärmehtrop]
Wie ist Ihre Sehstärke?	Quelle est votre correction? [käl_ä wotr koräksjong]
rechts ..., links ...	Œil droit ..., œil gauche ... [öj drua öj gohsch]
Ich brauche ...	Il me faudrait ... [il mö fohdrä]
Aufbewahrungslösung	du liquide de conservation [dü likid dö kongsärwasjong]
Reinigungslösung	du liquide de nettoyage [dü likid dö nätuajasch]
für harte/weiche Kontaktlinsen.	pour lentilles dures/molles. [pur langtij dür/mol]
Ich suche ...	Je voudrais ... [schwudrä]
eine Sonnenbrille.	des lunettes de soleil. [deh lünät dö soläj]
ein Fernglas.	des jumelles. [deh schümäl]

SCHMUCKWAREN | LA BIJOUTERIE [la bischutri]

Meine Uhr geht nicht mehr. Können Sie mal nachsehen?	Ma montre ne marche plus. Vous pourriez la regarder, s.v.p.? [ma mongtr nö marsch plü wu purjeh la rgardeh sil wu plä]
Ich möchte ein schönes Andenken/Geschenk.	Je voudrais un beau souvenir/cadeau. [schö wudrä äng bo suwnir/kado]
Anhänger	le pendentif [lö pangdangtif]
Armband	le bracelet [lö braslä]
Armbanduhr	la montre-bracelet [la mongtröbraslä]
Brosche	la broche [la brosch]
echt	vrai [wrä]
(Edel-)Stein	la pierre précieuse [la pjär prehsjös]

Gold	l'or m [lor]
Kette	le collier [lö koljeh]
Kristall	le cristal [lö kristal]
Modeschmuck	les bijoux m fantaisie [leh bischu fangtäsi]
Ohrringe	les boucles f d'oreilles [leh buklö doräj]
Perle	la perle [la pärt]
Ring	la bague [la bag]
Schmuck	les bijoux m [leh bischu]
Silber	l'argent m [larschang]
wasserdicht	étanche [ehtangsch]

SCHUHGESCHÄFT
LE MAGASIN DE CHAUSSURES [lö magasängd schohsür]

Ich möchte ein Paar …schuhe.	Je voudrais une paire de … [schwudrä ün pär dö]
Ich habe Schuhgröße …	Je chausse du … [schö schohs dü]
Sie sind zu eng/weit.	Elles sont trop petites/grandes. [äl song troh ptit/grangd]

(mit) Absatz	(avec) des talons hauts [(awäk) deh talong oh]
Damenschuhe	les chaussures pour femmes [leh schosür pur fam]
Leder-/Gummisohle	des semelles en cuir/caoutchouc [desemäl ang kuir/kautschu]
Männerschuhe	les chaussures pour hommes [leh schosür pur om]
Mokassins	les mocassins [leh mokasäng]
Sandalen	les sandales f [leh sangdal]
Stiefel	les bottes f [leh bot]
Turnschuhe	les tennis f [leh tänis], les baskets m [leh baskät]
Wander-/Trekkingschuhe	les chaussures de randonnée/montagne [leh schosür dö rangdoneh/mongtanj]

SOUVENIRS | SOUVENIRS [suwnir]

Ich hätte gern …	Je voudrais … [schö wudrä]
ein schönes Andenken.	un beau souvenir. [äng boh suwnir]
etwas Typisches aus dieser Gegend.	un souvenir typique de la région. [äng suwnir tipik dö la rehschjong]

> *www.marcopolo.de/franzoesisch*

EINKAUFEN

Ich möchte etwas nicht zu Teures.	Je voudrais quelque chose de pas trop cher. [schö wudrä kälkö schos dö pa tro schär]
Das ist aber hübsch.	Tiens, ça c'est joli. [tjäng, sa sä scholi]
Danke schön, ich habe nichts gefunden (, das mir gefällt).	Merci, je n'ai rien trouvé (à mon goût). [märsi schö nä rjäng truveh a mong gu]

echt	authentique [otangtik]
handgemacht	fait-main [fämäng]
Keramik	la céramique [la sehramik]
Mitbringsel	le souvenir [lö suwnir]
regionales Produkt/ Spezialität	le produit régional/ la spécialité régionale [lö produi rehschjonal/ la spehsjaliteh rehschjonal]
Schmuck	les bijoux m [leh bischu]
Töpferwaren	la poterie [la potri]

■ SCHREIBWAREN UND BÜCHER | PAPETERIE ET LIVRES [papätri eh liwr] ■

Ich hätte gern ...	Je voudrais ... [schwudrä]
eine deutsche Zeitung.	un journal allemand. [äng schurnal almang]
eine Zeitschrift.	un magazine. [äng magasin]
einen Reiseführer.	un guide touristique. [äng gid turistik]
einen Roman auf Deutsch/ Englisch	un roman en allemand/anglais [äng romang angn_almang/ angglä]
einen Kriminalroman	un roman policier [äng romang polisjeh]

Bleistift	le crayon [lö kräjong]
Briefmarke	le timbre [lö tängbr]
Briefumschlag	l'enveloppe f [langwlop]
Kochbuch	le livre de cuisine [lö liwr_dö küisin]
Kugelschreiber	le stylo à bille [lö stiloh a bij]
Landkarte	la carte (géographique) [la kart (schografik)]
Postkarte	la carte postale [la kart postal]
Radiergummi	la gomme [la gom]
Roman	le roman [lö romang]
Spielkarten	le jeu de cartes [lö schöhd kart]
Stadtplan	le plan (de la ville) [lö plang (dö la wil)]
Straßenkarte	la carte routière [la kart rutjär]
Taschenbuch	le livre de poche [lö liwrö dö posch]
Wanderkarte dieser Gegend	la carte des randonnées de la région [la kart deh rangdonneh dö la reschjong]
Zeichenblock	le bloc de papier à dessin [lö blok dö papjeh a dehsäng]
Zeitschrift	le magazine [lö magasin]
Zeitung	le journal [lö schurnal]

> ZIMMER MIT AUSSICHT

Ob W-LAN im Hotel, die Kinderbetreuung in der Ferienanlage, die Rechnung per Kreditkarte – alles nur eine Frage des Service. Äußern Sie Ihre Wünsche!

AUSKUNFT

 Reiseplanung: Seite 8 f.

Können Sie mir bitte ...	Pardon Mme/M., vous pourriez m'indiquer ...?
empfehlen?	[pardong madam/mösjöh wu purjeh mängdikeh]
ein gutes Hotel	un bon hôtel [äng bon_ohtäl]
eine Pension	une pension [ün pangsjong]
ein Zimmer	une chambre [ün schangbr]
einen Campingplatz	un terrain de camping [äng täräng dö kangping]
eine Jugendherberge	une auberge de jeunesse [ün_obärsch dö schönäs]

ÜBERNACHTEN

... IM HOTEL

REZEPTION | A LA RECEPTION [a la rehsäpsjong]

Ich habe bei Ihnen ein Zimmer reserviert.	J'ai réservé une chambre chez vous. [schä rehsärweh ün schangbrö scheh wu]
Mein Name ist ...	Je m'appelle ... [schö mapäl]
Haben Sie noch Zimmer frei?	Est-ce que vous avez encore des chambres de libres? [äs_kö wus_aweh ankor deh schangbrö dö libr]
... für eine Nacht.	... pour une nuit. [pür ün nüi]
... für zwei Tage.	... pour deux jours. [pur döh schur]

... für eine Woche.	... pour une semaine. [pur ün sömän]
Nein, wir sind leider vollständig belegt.	Non, Mme/Mlle/M. Malheureusement, nous sommes complet. [nong madam/madmuasehl/mösjöh malöröhsmang nu som kongplä]
Ja, was für ein Zimmer wünschen Sie?	Oui, qu'est-ce que vous désirez comme chambre? [ui käs_kö wu dehsireh kom schangbr]
ein Einzelzimmer	une chambre pour une personne [ün schangbr pur ün pärson]
ein Zweibettzimmer	une chambre double [ün schangbrö dubl]
mit Dusche	avec douche [awäk dusch]
mit Bad	avec salle de bains [awäk sal dö bäng]
ein ruhiges Zimmer	une chambre calme [ün schangbrö kalm]
mit Blick aufs Meer	avec vue sur la mer [awäk wü sür la mär]
Kann ich das Zimmer ansehen?	Est-ce que je peux voir la chambre? [äs_kösch pöh wuar la schangbr]
Können Sie noch ein drittes Bett dazustellen?	Est-ce que vous pouvez installer un troisième lit? [äs_kö wu puweh ängstaleh äng truasjäm li]
Was kostet das Zimmer mit ...	Quel est le prix de la chambre, ... [käl_ä lö prid la schangbr]
Frühstück?	petit déjeuner compris? [pti dehschöneh kongpri]
Halbpension?	en demi-pension? [ang dmi pangsjong]
Vollpension?	en pension complète? [ang pangsjong kongplät]
Ab wann gibt es Frühstück?	Le petit déjeuner, c'est à partir de quelle heure? [lö pti dehschöneh sät_a partir dö käl_ör]
Wo ist das Restaurant?	Où est le restaurant? [u äl_rästorang]
Wecken Sie mich bitte morgen früh um ... Uhr.	Réveillez-moi à ... heures, demain matin, s.v.p. [rehwehjeh mua a ör dömäng matäng sil wu plä]
Bitte meinen Schlüssel.	Ma clé, s.v.p. [ma kleh sil wu plä]

Frühstück: ESSEN UND TRINKEN auf Seite 46

■ BEANSTANDUNGEN | RECLAMATIONS [rehklamasjong]

Das Zimmer ist nicht gereinigt worden.	Ma chambre n'a pas été nettoyée. [ma schangbr na pas_ehteh nehtuajeh]
Die Dusche ...	La douche ... [la dusch]
Die Spülung ...	La chasse d'eau ... [la schas doh]
Die Heizung ...	Le chauffage ... [lö schohfasch]
Das Licht ...	L'éclairage ... [lehklärasch]
funktioniert nicht.	ne fonctionne pas. [nö fonksjon pa]

> *www.marcopolo.de/franzoesisch*

ÜBERNACHTUNG

Es kommt kein (warmes) Wasser.	Il n'y a pas d'eau (chaude). [il nja pa doh (schohd)]
Die Toilette/Das Waschbecken ist verstopft.	Les toilettes sont bouchées/Le lavabo est bouché. [leh twalät song buscheh/lö lawaboh ä buscheh]

■ ABREISE | LE DEPART [lö dehpar]

Wann muss ich spätestens auschecken?	Quand est-ce que je dois rendre la chambre? [kangt_äs_kösch_dua rangdrö la schangbr]
Ich möchte bitte auschecken.	Je voudrais rendre la chambre. [schö vudrä rangdrö la schangbr]
Ich reise heute Abend/morgen um ... Uhr ab.	Je pars ce soir/demain à ... heures. [schö par sö suar/dömäng a ör]
Machen Sie bitte die Rechnung fertig.	Est-ce que vous pouvez préparer ma note, s.v.p.? [äs_kö wu puwehprehpareh ma not sil wu plä]
Kann ich mit Kreditkarte bezahlen?	Vous acceptez les cartes de crédit? [wus_aksäpteh leh kart dökrehdi]
Vielen Dank für alles! Auf Wiedersehen!	Merci pour tout! Au revoir! [märsi pur tu oh rwuar]
Abendessen	le dîner [lö dineh]
Adapter	l'adaptateur [ladaptör]
Badezimmer	la salle de bains [la sal dö bäng]
Bett	le lit [lö li]
Bettwäsche	la literie [la litri]

WIE DIE EINHEIMISCHEN

Insider Tipp

▶ Etwas für jeden Geschmack

Als Reiseland verfügt Frankreich über eine riesige Anzahl von Unterkünften, ob Sie ein Hotel mit französischem Flair bevorzugen, ob Sie lieber in einem Schloss oder (alten) Abteien schlafen möchten oder eine Privatunterkunft bevorzugen, Sie haben die Qual der Wahl.

▶ Die MARCO POLO Reiseführer zu Frankreich bieten Ihnen sicher eine gute Entscheidungshilfe. Besondere Tipps finden Sie auch auf www.marcopolo.de

Dusche	la douche [la dusch]
Etage	l'étage m [lehtasch]
Fenster	la fenêtre [la fönätr]
Frühstück	le petit déjeuner [lö pti dehschöneh]
Frühstücksraum	la salle à manger [la sal_a mangscheh]
Halbpension	la demi-pension [la dmipangsjong]
Handtuch	la serviette de toilette [la särwjät dö tualät]
Hauptsaison	la pleine saison [la plän säsong]
Heizung	le chauffage [lö schohfasch]
Kinderbetreuung	la garderie [la gardöri]
Kinderbett	le lit d'enfant [lö li dangfang]
Klimaanlage	l'air m conditionné [lär kongdisjoneh]
Kopfkissen	l'oreiller m [lorehjeh]
Lampe	la lampe [la langp]
Mittagessen	le déjeuner [lö dehschönen]
Nachsaison	l'arrière-saison f [larjärsäsong]
Nachttisch	la table de nuit [la tablö dö nüi]
Nachttischlampe	la lampe de chevet [la langp dö schwä]
Pension	la pension [la pangsjong]
Portier	le portier [lö portjeh]
Radio	la radio [la radjoh]
reinigen	nettoyer [nehtuajeh]
Reservierung	la réservation [la rehsärwasjong]
Restaurant	restaurant [restorang]
Rezeption	la réception [la rehsäpsjong]
Safe	le coffre-fort [lö kofröfor]
Schlüssel	la clé [la kleh]
Schrank	l'armoire f [larmuar]
Steckdose	la prise (femelle) [la pris (fömäl]]
Stecker	la prise (mâle) [la pris (mal]]
Toilette	les toilettes f [leh tualät]
Toilettenpapier	le papier toilette [lö papjeh twalät]
Übernachtung (mit Frühstück)	la nuit (avec petit déjeuner) [la nüit (awäk pti dehschöneh)]
Vollpension	la pension complète [la pangsjong kongplät]
Vorsaison	l'avant-saison f [lawangsäsong]
Waschbecken	le lavabo [lö lawaboh]
Wasser	l'eau f [loh]
Wasserhahn	le robinet [lö robinä]
Zimmer	la chambre [la schangbr]
Zimmermädchen	la femme de chambre [la fam dö schangbr]

> **www.marcopolo.de/franzoesisch**

ÜBERNACHTUNG

... IM FERIENHAUS

Reiseplanung: Seite 8 f.

Ist der Strom-/Wasserverbrauch im Mietpreis enthalten?	Est-ce que l'eau et l'électricité sont comprises dans le prix? [äs_kö loh eh lehläktrisiteh song kongpris dang lö pri]
Sind Bettwäsche und Handtücher vorhanden?	Est-ce qu'il y a des draps et des serviettes? [äs_kilja deh dra eh deh särwjät]
Sind Haustiere erlaubt?	Est-ce que les animaux domestiques sont admis? [äs_kö lehs_animoh domästik songt_admi]
Wo bekommen wir die Schlüssel für das Haus/die Wohnung?	A qui faut-il s'adresser pour avoir la clé de la maison/de l'appartement? [a ki foht_il sadrehseh pur awuar la klehd la mäsong/lapartömang]
Müssen wir die Endreinigung selbst übernehmen?	Est-ce que nous devons faire nous-mêmes le nettoyage de fin de séjour? [äs_kö nu dwong fär numäm lö nehtuajasch dö fängd sehschur]

Anreisetag	le jour de l'arrivée [lö schur dö lariweh]
Apartment	le studio [lö stüdjo]
Bettwäsche	les draps [leh dra]
Bungalow	le bungalow [lö bängaloh]
Endreinigung	nettoyage de fin de séjour [nätuajasch dö fängd_sehschur]
Ferienanlage	le village de vacances [lö wilasch dö wakangs]
Ferienhaus	la maison de vacances/de campagne [la mäsongd wakangs/kangpanj]
Ferienwohnung	l'appartement m de vacances [lapartömangd wakangs]
Flaschenöffner	l'ouvre-bouteilles m [luwröbutäj]
Handtuch	la serviette de toilette [la särwjät dö tualät]
Hausbesitzer	le propriétaire (de la maison) [lö proprijehtär (dö la mäsong)]
Haustiere	les animaux m domestiques [lehs_animoh domästik]
Kaution	la caution [la kosjong]
Kochnische	le coin-cuisine [lö kuänküisin]
Miete	la location [la lokasjong]; le loyer [lö luajeh]
Müll	les ordures f [lehs_ordür]
Mülltrennung	le tri des déchets [lö tri deh deschä]
Nebenkosten	les charges f [leh scharsch]
Schlafcouch	le divan-lit [lö diwanli]
Schlafzimmer	la chambre à coucher [la schangbr a kuscheh]
Schlüssel	la clé [la kleh]
Strom	le courant (électrique) [lö kurang (ehläktrik)]
vermieten	louer [lueh]

> www.marcopolo.de/franzoesisch

ÜBERNACHTUNG

l'assiette f
[lasjät]

les verres m
[leh wär]

la tasse
[la tas]

le coquetier
[lö koktjeh]

la fourchette
[la furschät]

la cuillère
[la küijär]

le couteau
[lö kutoh]

la petite cuillère
[la pötit kuijär]

la cuillère en bois
[la küijär_ang bua]

la spatule
[la spatül]

la louche
[la lusch]

le fouet
[lö fuä]

la râpe
[la rap]

la planche à découper
[la plangsch_a dehkupeh]

la passoire
[la pasuar]

le mixer
[lö miksär]

la casserole
[la kasrol]

la poêle
[la pual]

le saladier
[lö saladjeh]

la gazinière
[la gasinjär]

le four
[lö fur]

le frigo
[lö frigoh]

le lave-vaisselle
[lö lawwäsäl]

la machine à laver
[la maschin_a laweh]

la bouilloire électrique
[la bujuar ehläktrik]

la machine à café
[la maschina kafeh]

le filtre à café
[lö filtr_a kafeh]

le grille-pain
[lö grijpäng]

l'aspirateur m
[laspiratör]

le serpillière
[lö särpijär]

le fer à repasser
[lö fär_a rpaseh]

la corde à linge
[la kordalänsch]

le balai o-cedar
[lö balä ohseda]

le ramasse-poussière
[lö ramaspusjär]

le produit de nettoyage
[lö prodüid_nätuajasch]

le seau
[lö soh]

74 | 75

... AUF DEM CAMPINGPLATZ

Haben Sie noch Platz für einen Wohnwagen/ein Zelt?	Est-ce que vous avez encore de la place pour une caravane/une tente? [äs_kö wus_aweh ankor dö la plas pur ün karawan/ün tangt]
Wie hoch ist die Gebühr pro Tag und Person?	Quel est le tarif par jour et par personne? [käl_äl tarif par schur eh par pärson]
Wie hoch ist die Gebühr für ...	Quel est le tarif pour ... [käl_äl tarif pur]
das Auto?	les voitures? [lö wuatür]
den Wohnwagen?	les caravanes? [leh karawan]
das Wohnmobil?	les camping-cars? [leh kangpingkar]
das Zelt?	les tentes? [leh tangt]
Wir bleiben ... Tage/Wochen.	Nous pensons rester ... jours/semaines. [nu pangsong rästeh schur/smän]
Gibt es hier ein Lebensmittelgeschäft?	Est-ce qu'il y a une épicerie? [äs_kil_ja ün_ehpisri]
Wo sind ...	Où sont ... [u song]
die Toiletten?	les toilettes? [leh twalät]
die Waschräume?	les sanitaires? [leh sanitär]
die Duschen?	les douches? [leh dusch]
Gibt es hier Stromanschluss?	Est-ce qu'on peut se brancher sur le courant ici? [äs_kong pös_brangscheh sürl_kurang isi]

WIE DIE EINHEIMISCHEN

Insider Tipps

▶ Smalltalk beim Aperitif

Vielleicht haben Sie mal Lust, Ihren Urlaubsnachbarn einzuladen ohne groß kochen zu müssen, dann laden Sie zum *apéritif* [apehritif] (Aperitif) ein, entweder um 12/12.30 Uhr oder am frühen Abend (19 Uhr). Dabei gibt es *amuse-gueules* [amüsgöl] (Appetithäppchen). Meistens bleibt man eine gute Stunde, und jede/r isst daraufhin bei sich zu Hause.

▶ Gastgeschenk

Werden Sie zu einem Mittag- oder Abendessen eingeladen, kommen Sie ruhig eine Viertelstunde später.
In Frankreich ist es üblich, ein Gastgeschenk mitzubringen, z. B. Blumen, Pralinen, Wein oder Champagner. Einziger Unterschied, dass die Flasche, die man mitbringt, oft gleich getrunken wird oder die Pralinen nach dem Essen herumgereicht werden.

> **www.marcopolo.de/franzoesisch**

ÜBERNACHTUNG

Benutzungsgebühr	le tarif d'utilisation [lö tarif dütilisasjong]
Brennspiritus	l'alcool m à brûler [lakol a brüleh]
Campingplatz	le (terrain de) camping [lö (täräng dö) kangping]
Dosenöffner	l'ouvre-boîtes m [luwröbuat]
Essbesteck	les couverts m [leh kuwär]
Flaschenöffner	l'ouvre-bouteilles m [luwröbutäj]
Gasflasche	la bouteille de gaz [la butäj dö gas]
Gaskocher	le réchaud à gaz [lö rehschoh a gas]
Geschirrspülbecken	l'évier [lehvjeh]
Grill	le gril [lö gril]
Grillkohle	le charbon de bois [lö scharbongd bua]
Kerzen	les bougies f [leh buschi]
Kocher	le réchaud [lö rehschoh]
Korkenzieher	le tire-bouchon [lö tirbuschong]
leihen	louer [lueh]
Leihgebühr	le tarif de location [lö tarif dö lokasjong]
Petroleum	le pétrole [lö pehtrol]
Petroleumlampe	la lampe à pétrole [la langp a pehtrol]
Steckdose	la prise [la pris]
Stromanschluss	le branchement électrique [lö brangschmang ehläktrik]
Taschenmesser	le couteau de poche [lö kutohd posch]
Trinkwasser	l'eau f potable [loh potabl]
Voranmeldung	la réservation [la rehsärwasjong]
Wasser	l'eau f [loh]

... IN DER JUGENDHERBERGE

Kann ich bei Ihnen … leihen?	Est-ce que vous pouvez me louer …? [äs_kö wu puwehm lueh]
Die Eingangstür wird um 24 Uhr abgeschlossen.	La porte d'entrée est fermée à partir de minuit. [la port dangtreh ä färmeh a partir dö minüi]
Bettwäsche	les draps [leh dra]
Internet	Internet [ängtärnät]
Jugendherberge	l'auberge f de jeunesse [lohbärsch dö schönäs]
Jugendherbergsausweis	la carte des auberges de jeunesse [la kart dehs_ohbärsch dö schönäs]
Küche	cuisine [küisin]
Mitgliedskarte	la carte de membre [la kart dö mangbr]
Schlafsaal	le dortoir [lö dortuar]
Schlafsack	le sac de couchage [lö sak dö kuschasch]
Waschraum	les sanitaires m [leh sanitär]

> WAS UNTERNEHMEN WIR?

Ob authentischer Kochkurs, aufregender Trekking-Ausflug oder großer Theaterabend: Lassen Sie sich von den nächsten Seiten helfen, jede Menge Urlaubsabenteuer zu erleben.

AUSKUNFT

Ich möchte einen Stadtplan von ... haben.	Je voudrais un plan de ... [schwudrä äng plang dö]
Welche Sehenswürdigkeiten gibt es hier?	Quelles sont les curiosités de la ville? [käl song leh kürjohsitehd la wil]
Gibt es Stadtrundfahrten?	Est-ce qu'il y a des visites guidées de la ville en car [äs_kil_ja deh visit gideh dla wil]
Was kostet die Rundfahrt?	Quel est le prix du billet? [käl_äl pri dü bijä]

VOLLES PROGRAMM

SEHENSWÜRDIGKEITEN/MUSEEN

Wann ist das Museum geöffnet?	Quelles sont les heures d'ouverture du musée? [käl song lehs_ör duwärtür dü müseh]
Wann beginnt die Führung?	La visite guidée est à quelle heure? [la wisit gideh ät_a käl_ör]
Gibt es auch eine Führung auf Deutsch/Englisch?	Est-ce qu'il y a aussi une visite guidée en allemand/anglais? [äs_kilja osi ün wisit gideh angn_almang/angglä]
Ist das …?	Est-ce que c'est …? [äs_kö sä]

Altar	l'autel m [lohtäl]
Altstadt	la vieille ville [la wjäj wil]
Architektur	l'architecture f [larschitäktür]
Ausgrabungen	les fouilles f [leh fuj]
Ausstellung	l'exposition f [läkspohsisjong]
Besichtigung	la visite [la wisit]
Bild	le tableau [lö tabloh]
Bildhauer	le sculpteur [lö skültör]
Burg	le château [lö schatoh]
Denkmal	le monument [lö monümang]
Dom (Kirche)	la cathédrale [la katehdral]
Festung	la forteresse [la fortöräs]
Fremdenführer	le guide [lö gid]
Führung	la visite guidée [la wisit gideh]
Galerie	la galerie [la galöri]
Gebäude	le bâtiment [lö batimang]
Gemälde	la peinture [la pängtür], le tableau [lö tabloh]
Gottesdienst	la messe [lo mäs]
Kaiser/in	l'empereur m/l'impératrice f [langprör/längpehratris]
Kapelle	la chapelle [la schapäl]
Kathedrale	la cathédrale [la katehdral]
Kirche	(kath.) l'église f *[lehglis]*, (ev.) le temple [lö tangpl]
König/in	le roi/la reine [lö rua/la rän]
Malerei	la peinture [la pängtür]
Maler/in	le peintre [lö pängtr]
Museum	le musée [lö müseh]
Plastik	la sculpture [la skültür]
Platz	la place [la plas]
Rathaus	la mairie [la märi]; (Großstadt) l'hôtel m de ville [lohtal dö wil]
Religion	la religion [la rölischjong]

WIE DIE EINHEIMISCHEN

Insider Tipp

> **Ein Museum mehr**

Von Jean Nouvel konzipiert, steht seit 2006 das *Musée du Quai Branly* in der Nähe des Eiffelturms und zeigt 3500 Werke als ständige Exponate aus Afrika, Ozeanien, Asien, Nord- und Südamerika.

Wer sich etwas gönnen möchte, kann im Restaurant des Museums *Les Ombres* einen Tisch reservieren und gleichzeitig einen tollen Blick auf die Seine und den Eiffelturm genießen.

> *www.marcopolo.de/franzoesisch*

VOLLES PROGRAMM

restaurieren	restaurer [rästoreh]
Ruine	la ruine [la rüin]
Schloss	le château [lö schatoh]
Sehenswürdigkeiten	les curiosités f [leh kürjohsiteh]
Stadtrundfahrt	la visite de la ville [la wisit dö la wil]
Turm	la tour [la tur]

AUSFLÜGE

Wann treffen wir uns?	A quelle heure est le rendez-vous? [a käl ör ä lö rangdehwu]
Wo ist der Treffpunkt?	Où est-ce qu'on se retrouve? [u äs_kongs_rötruw]
Kommen wir am/an ... vorbei?	Est-ce qu'on va passer devant le/la ...? [äs_kong wa paseh döwang lö/la ...]
Besichtigen wir auch ...?	Est-ce qu'on va visiter également ...? [äs_kong wa wisiteh ehgalmang ...]
Wann fahren wir zurück?	Quand est-ce qu'on retourne? [kangt_äs kong_rturn]

Ausflug	l'excursion f [läkskürsjong]
Aussichtspunkt	le point de vue [lö puängd_wü]
Berg	la montagne [la mongtanj]
Bergdorf	le village de montagne [lö wilasch dö mongtanj]
Fischerort	le village de pêcheurs [lö wilasch dö päschör]
Fluss	la rivière [la riwjär]
Freizeitpark	le parc de loisirs [lö park dö luasir]
Gebirge	la montagne [la mongtanj]
Höhle	la caverne [la kawärn]
Inselrundfahrt	le tour de l'île [lö tur dö lil]
Landesinnere	l'intérieur du pays [läntehrjör dü päi]
Landschaft	le paysage [lö pisasch]
Markt	le marché [lö marscheh]
Markthalle	les halles [leh al]
Naturschutzgebiet	la réserve naturelle [la rehsärw natüräl]
Plantagen	plantages [plangtasch]
Rundfahrt	le circuit [lö sirküi]
Schlucht	la gorge [la gorsch]
See	le lac [lö lak]; (Meer) la mer [la mär]
Tagesausflug	l'excursion f pour une journée [läkskürsjöh pur ün schurneh]
Vulkan	le volcan [lö wolkang]
Wallfahrtsort	le lieu de pèlerinage [lö ljö dö pälrinasch]
Wasserfall	la chute (d'eau) [la schüt (doh)]

AM ABEND

■ KNEIPE/BAR/CLUB | BISTROT/BAR/CLUB [bistroh/bar/klöb]

Was kann man hier abends unternehmen?	Qu'est-ce qu'on peut faire ici le soir? [käskong pö fär_isi lö suar]
Gibt es hier eine gemütliche Kneipe?	Est-ce qu'il y a un bistrot sympa dans le coin? [äs_kil_ja äng bistroh sängpa dangl kuäng]
Gibt es hier einen Club?	Est-ce qu'il y a un club ici? [äs_kil_ja äng klöb isi]
Welche Musikrichtung wird hier gespielt?	Quelle genre de musique on joue ici? [käl schangr dö müsik_ong schu isi]
Ist Abendgarderobe erwünscht?	Est-ce qu'on exige une certaine tenue vestimentaire? [äs_kongn_ägsisch ün särtän tönü wästimangtär]
Ein Bier, bitte.	Une bière, s.v.p. [ün bjär sil wu plä]
Das Gleiche noch einmal.	La même chose, s.v.p. [la mäm schohs sil wu plä]
Diese Runde übernehme ich.	Je paie la tournée. [schpä la turneh]
Wollen wir tanzen?	On danse? [ong dangs]
ausgehen	sortir [sortir]
Band	l'orchestre m [lorkästr]
Bar	le bar [lö bar]
Club/Diskothek	le club/la discothèque [lö klöb/la diskotäk]
DJ	le DJ [lö dischi]
Folklore	le folklore [lö folklor]
Folkloremusik	la musique folklorique [la müsik folklorik]
Kneipe	le bistrot [lö bistroh]
Live-Musik	la musique en direct [la müsik ang diräkt]
Party	fête [fat]
Spielcasino	le casino [lö kasinoh]
tanzen	danser [dangseh]
Türsteher	le videur [lö widör]

■ THEATER/KONZERT/KINO
THEATRE/CONCERT/CINEMA [tatr/kongsär/sinehma]

Haben Sie einen Veranstaltungskalender für diese Woche?	Vous avez le programme des spectacles de cette semaine? [wus_aweh lö program deh späktaklö dö sät sömän]
Welches Stück wird heute Abend im Theater gespielt?	Quelle pièce est-ce qu'on joue ce soir au théâtre? [käl pjäs äs_kong schu sö suar oh tatr]
Können Sie mir ein gutes Theaterstück empfehlen?	Vous pouvez m'indiquer une bonne pièce de théâtre? [wu puweh mängdikeh ün bon pjäs dö tehatr]

> *www.marcopolo.de/franzoesisch*

VOLLES PROGRAMM

Wann beginnt die Vorstellung?	A quelle heure commence la représentation? [a käl_ör komangs la röprehsangtasjong]
Wo bekommt man Karten?	Où est-ce qu'on peut prendre les billets? [u äs_kong pöh prangdrö leh bijeh]
Bitte zwei Karten für heute Abend.	Deux billets pour ce soir, s.v.p. [döh bijeh pur sö suar sil wu plä]
Das Programm, bitte.	Le programme, s.v.p. [lö program sil wu plä]
Wo ist die Garderobe?	Où est le vestiaire, s.v.p.? [u äl wästjär sil wu plä]

Ballett	le ballet [lö balä]
Eintrittskarte	le billet [lö bijä]
Film	le film [lö film]
Kasse	la caisse [la käs]
Kino	le cinéma [lö sinehma]
Konzert	le concert [lö kongsär]
Oper	l'opéra m [lopehra]
Premiere	la première [la prömjär]
Prozession/Umzug	procession/défilé [prosäsjong/dehfileh]
Schauspiel	le spectacle [lö späktakl]
Theater	le théâtre [lö tatr]
Veranstaltungskalender	le programme des spectacles [lö program deh späktaklö]
Vorstellung	(Kino) la séance [la sangs]; (Theater) la représentation [la röprehsangtasjong]
Vorverkauf	la location [la lokasjong]; la réservation [la rehsärwasjong]

WIE DIE EINHEIMISCHEN

Insider Tipps

Immer dienstags

Sollten Sie in Paris ins Kino gehen wollen, müssen Sie nicht unbedingt Französisch können. Viele Filme werden in der Originalfassung gezeigt. Schauen Sie einfach in den Veranstaltungsprogrammen oder am Kino nach den Buchstaben V.O. *(version originale)*. Übrigens: Dienstags ist Kinotag, also billiger.

Le lapin agile [lö lapäng aschil]

„Das flinke Kaninchen" in Montmartre ist ein Cabaret der besonderen Art, wie sie es einmal im 19. und zu Beginn des 20. Jahrhunderts gab. Hier trafen sich Schriftsteller, Sänger und Maler (z. B. Apollinaire und Picasso). Viele Sänger, die berühmt wurden, gaben hier ihr Debüt. Heutzutage kommen Franzosen zum Mitsingen und Touristen wegen des besonderen Flairs.

FESTE/VERANSTALTUNGEN
FÊTES/MANIFESTATIONS [fät/manifästasjong]

Könnten Sie mir bitte sagen, wann das ...-Festival stattfindet?	Pourriez-vous me dire quand a lieu le festival de/du ...? [purjeh w_dir kang a ljö lö fästiwal dö/dü ...]
vom ... bis ...	du ... au ... [dü ... oh ...]
alle 2 Jahre	tous les deux ans [tu leh dös_ang]
Festival	le festival [lö fästiwal]
Feuerwerk	le feu d'artifice [lö fö dartifis]
Flohmarkt	le marché aux puces [lö marscheh oh püs]: la foire à la brocante [la fuar_a la brokangt]
Jahrmarkt	la fête foraine [la fät forän]
Karneval	le carnaval [lö karnawal]
Kirmes	la kermesse [la kärmäs]
Tour de France	le Tour de France [lö tur dö frangs]
Zirkus	le cirque [lö sirk]

STRAND UND SPORT

AM STRAND | A LA PLAGE [a la plasch]

Ist die Strömung stark?	Est-ce qu'il y a un courant fort? [äs_kil_ja äng kurang for]
Ist es für Kinder gefährlich?	C'est dangereux pour les enfants? [sä dangschröh pur lehs_angfang]
Wann ist Ebbe/Flut?	La marée basse/haute, c'est quand? [la mareh bas/oht sä kang]
Bademeister	le maître-nageur [lö mätrönaschör]
Badestrand	la plage [la plasch]
Dusche	la douche [la dusch]
FKK-Strand	la plage de nudistes [la plasch dö nüdist]
Kiosk	le kiosque [lö kjosk]
Qualle	la méduse [la mehdüs]
Sand	le sable [lö sabl]
schwimmen	nager [nascheh]
Sonnenschirm	le parasol [lö parasol]
Strömung	le courant [lö kurang]
Umkleidekabinen	les cabines [leh kabin]

> *www.marcopolo.de/franzoesisch*

VOLLES PROGRAMM

■ AKTIVURLAUB/SPORT | VACANCES ACTIVES/SPORT [wakangs_aktiw/sport] ■

Welche Sportmöglichkeiten gibt es hier?	Qu'est-ce qu'on peut pratiquer comme sports, ici? [kängs_kong pöh praktikeh kom spor isi]
Gibt es hier ein/eine …?	Est-ce qu'il y a un/une … ici ? [as_kilja äng/ün … isi]
Wo kann ich … ausleihen?	Où est-ce que je peux louer …? [u äs kösch pöh lueh]
Kann ich mitspielen?	Je peux jouer? [schpöh schueh]
Ich möchte einen …kurs für Anfänger/Fortgeschrittene machen.	Je voudrais prendre des cours de … pour débutants/avancés. [schö wudrä prangdr deh kur dö … pur dehbütang/avangseh]

gewinnen	gagner [ganjeh]
Mannschaft	l'équipe f [lehkip]
Niederlage	la défaite [la dehfät]
Rennen	la course [la kurs]
Schiedsrichter	l'arbitre m [larbitr]
Sieg	la victoire [la wiktuar]
Spiel	le match [lö matsch]
unentschieden	match nul [matschö nül]
verlieren	perdre [pärdr]
Wettkampf	la compétition [la kongpehtisjong]

WASSERSPORT SPORTS NAUTIQUES [spor notik]

Bootsführerschein	le permis-bateau [lö pärmi bato]
Bootsverleih	la location de bateaux [la lokasjongd batoh]
Canyoning	le canyoning [lö kanjoning]
Flusstour	la croisière fluviale [la kruasjär flüwial]
Freibad	la piscine en plein air [la pisin ang plän_är]
Hallenbad	la piscine couverte [la pisin kuwärt]
Hausboot	la péniche [la pehnisch]
Kanu	le canoë [lö kanoeh]
Motorboot	le canot automobile [lö kano otohmobil]
Paddelboot	le canoë [lö kanoeh]; le kayak [lö kajak]
Regatta	les régates f [leh rehgat]
Rückholservice	le convoyage [lö kongwuajasch]
Ruderboot	la barque [la bark]
Rudern	(faire de) l'aviron m [(fängr dö) lawirong]
Schlauchboot	le canot pneumatique [lö kanoh pnöhmatik]
Segelboot	le bateau à voiles [lö batoh a wual]
Segeln	(faire de) la voile [(fär dö) la wual]
Segelschule	l'école de voile [lehkol dö wual]
Segeltörn	la croisière à la voile [la kruasjär_a la wual]
Surfbrett	la planche à voile [la plangsch a wual]
Surfen	(faire de) la planche à voile [(fär dö) la plangsch a wual]

Surfschule	l'école de surf [lehkol dö sörf]
Wasserski	le ski nautique [lö ski notik]
Wellenreiten	le surf [lö sörf]
Windsurfen, windsurfen	(faire de) la planche à voile [(fär dö) la plangscha_vual]

TAUCHEN PLONGÉE [plongscheh]

Gerätetauchen	la plongée sous-marine [la plongscheh sumarin]
Neoprenanzug	la combinaison de plongée [la kongbinäsond_plongscheh]
Sauerstoffgerät	la bouteille d'oxygène [la butej doksischän]
schnorcheln	faire du snorkeling [fär dü snorköling]
Schwimmflossen	les palmes f [leh palm]
tauchen	faire de la plongée [fär dö la plongeh]
Taucherausrüstung	l'équipement m de plongée [lehkipmangd plongscheh]
Taucherbrille	les lunettes f de plongée [leh lünät dö plongscheh]
Tauchschule	l'école de plongée [lehkol dö plongscheh]

ANGELN PÊCHE [päsch]

Wo kann man hier angeln?	Où est-ce qu'on peut pêcher? [u äs_kong pöh päscheh]
Angel	la canne à pêche [la kana päsch]
angeln	pêcher [päscheh]
Angelschein	le permis (de pêche) [lö pärmid päsch]
Hochseefischen	la pêche sportive [la päsch sportiw]
Köder	appât [apa]
Schonzeiten	la période de fermeture de la pêche [la perjod dö färmötürd_la päsch]

BALLSPIELE JEUX DE BALLON [schöd_balong]

Ball	le ballon [lö balong], la balle [la bal]
Basketball	le basket-ball [lö baskätbohl]
Fußball	le football [lö futbohl]
Fußballmannschaft	l'équipe de football [lehkip dö futbohl]
Fußballplatz	le terrain de football [lö tärängd futbohl]
Netz	le filet [lö filä]
Tor	(Schuss) le but [lö büt]; (Tor) les buts [leh büt]
Torwart	le gardien de buts [lö gardjängd bü]
Volleyball	le volley-ball [lö wolehbohl]

TENNIS UND ÄHNLICHES TENNIS ET AUTRES [tenis eh otr]

Badminton	le badminton [lö badminton]
Federball	le volant [lö wolang]; le badminton [lö badminton]
Schläger	la raquette [la rakät]

> *www.marcopolo.de/franzoesisch*

VOLLES PROGRAMM

Squash	le squash [lö skuasch]
Tennis	le tennis [lö tehnis]
Tennisschläger	la raquette de tennis [la rakät dö tehnis]
Tennishalle	tennis couvert [tenis kuwär]
Tennisplatz	court de tennis [kur dö tehnis]
Tischtennis	le tennis de table [lö tehnis dö tabl]

FITNESS- UND KRAFTTRAINING FITNESS ET MUSCULATION [fitnäs eh müskülasjong]

Aerobic	l'aérobic m [laehrobik]
Fitnesscenter	le fitness [lö fitnäs]
joggen	faire du jogging [fär dü dschoging]
Konditionstraining	l'entretien m de la forme [langtrötjäng dla form]
Krafttraining	la musculation [lamüskülasjong]
Yoga	le yoga [lö joga]

WELLNESS REMISE EN FORME [römis_ang form]

Dampfbad	le bain de vapeurs [lö bängd_vapör]
Massage	le massage [lö masasch]
Sauna	le sauna [lö sohna]
Solarium	le solarium [lö solarjom]
Whirlpool	le jacuzzi [lö schakusi]

RADFAHREN FAIRE DU VÉLO [fär dü wehloh]

Fahrrad	le vélo [lö vehloh], la bicyclette [la bisiklät]
Fahrradhelm	le casque (de protection) [lö kask (dö protäksjong)]
Fahrradweg	la piste cyclable [la pistö siklabl]
Flickzeug	le kit de réparation des pneus [lö kit dö rehparasjong deh pnö]
Luftpumpe	la pompe [la pongp]
Mountainbike	le V.T.T. (vélo tout terrain) [lö vehtehteh (vehloh tu teräng)]
Rad fahren	faire du vélo [fär dü wehloh]
Radtour	la randonnée cycliste [la rangdoneh siklist]
Rennrad	le vélo de course [lö vehlohd_kurs]
Schlauch	la chambre à air [la shangbr_a är]

WANDERN UND BERGSTEIGEN RANDONNÉE ET ALPINISME [rangdoneh eh alpinism]

Ich möchte eine Bergtour machen.	Je voudrais faire une randonnée en montagne. [schwudrä fär_ün rangdoneh ang mongtanj]
Können Sie mir eine interessante Route auf der Karte zeigen?	Vous pouvez me montrer un itinéraire intéressant sur la carte? [wu puwehm_mongtreh ängn_itinehrär_ängtehräsang sür la kart]
Bergführer	le guide de montagne [lö gid dö mongtanj]
Bergsteigen	l'alpinisme m [lalpinism]

Fernwanderweg	le chemin de grande randonnée [lö schömäng dö grangd_rangdoneh]
Route	l'itinéraire m [litinehrär]
Seilbahn	le téléphérique [lö tehlehfehrik]
Sicherungsseil	la corde de rappel [la kord dö rapäl]
Tagestour	la randonnée (pour la journée) [la rangdoneh (pur la schurneh)]
Wandern	la randonnée pédestre [la rangdoneh pehdästr]
Wanderweg	le chemin de randonnée [lö schmängd rangdoneh]
Wanderkarte	la carte de randonnées [la kart dö rangdoneh]

REITEN ÉQUITATION [ehkitasjong]

Ausritt	la promenade à cheval [la promnad_a schwal]
Pferd	le cheval [lö schwal]
reiten	faire du cheval f [fär dü schwal]; faire de l'équitation f [fär dö lehkitasjong]
Reiterferien	les vacances f équestres [leh wakangs ehkästr]
Reitschule	l'école f d'équitation [lehkol dehkitasjong]
Reitsport	l'équitation f [lehkitasjong]

GOLF GOLF [golf]

Golf	le golf [lö golf]
Golfschläger	la crosse de golf [la kros dö golf]
Greenfee	le greenfee [lö grinfi]
Parcours	le parcours [lö parkur]

IN DER LUFT DANS LES AIRS [dang lehs_är]

Drachenfliegen	le deltaplane [lö deltaplan]
Fallschirmspringen	le parachutisme [lö paraschütism]
Gleitschirm	le parapente [lö parapangt]
Paragliding	le parapente [lö parapangt]
Schleppschirm (am Strand)	le parachute ascencionnel [lö paraschüt_asangsjonäl]
Segelfliegen	le vol à voile [lö wol a wual]

WINTERURLAUB VACANCES D'HIVER [wakangs diwär]

Eine Tageskarte, bitte.	Un forfait pour la journée. [äng forfä pur la schurneh]
Um wieviel Uhr ist die letzte Bergfahrt/Talfahrt?	A quelle heure est la dernière remontée/descente? [a käl_ör ä la därnjär römongteh/dehsangt]
Bergstation	la station supérieure [la stasjong süpehrjör]
Eisbahn	la patinoire [la patinuar]
Eishockey	le hockey sur glace [lö okä sür glas]
Eislauf	le patinage [lö patinasch]
Gondel	le télécabine [lö tehlehkabin]

> *www.marcopolo.de/franzoesisch*

VOLLES PROGRAMM

Langlauf	la course de fond [la kurs dö fong]
Lift	le téléski [lö tehlehski]
Loipe	la piste de ski de fond [la pist dö skid fong]
Schlitten	la luge [la lüsch]
Schlittschuhe	les patins m à glace [leh patäng a glas]
Ski	le ski [lö ski]
Ski laufen	skier [skjeh], faire du ski [fär dü ski]
Skibindung	la fixation [la fiksasjong]
Skibrille	les lunettes f de ski [leh lünät dö ski]
Skikurs	les cours m/leçons f de ski [leh kur/lösong dö ski]
Skilehrer/in	le moniteur/la monitrice de ski [lö monitör/la monitris dö ski]
Skistöcke	les bâtons m [leh batong]
Snowboard	le snowboard [lö snobord]
Tagespass	le forfait-journée [lö forfä schurneh]
Talstation	la station de départ [la stasjong dö dehpar]
Wochenpass	le forfait-semaine [lö forfä sömän]

KURSE | COURS [kur]

Ich möchte ... belegen.	J'aimerais suivre ... [schämrä süiwr]
einen Französischkurs	un cours de français. [äng kur dö frangsä]
für Anfänger	pour débutants [pur dehbütang]
für Fortgeschrittene	pour avancés [pur awanseh]
Sind Vorkenntnisse erforderlich?	Est-ce qu'il faut des connaissances de base? [äs_kil fo deh konäsangs dö bas]
Bis wann muss man sich anmelden?	Jusque quand faut-il s'inscrire? [schüskö kang fotil sängskrir]
Sind die Materialkosten inklusive?	Les frais de matériel sont-ils inclus? [leh fräd_matehrjäl songtils_ängklü]
Was ist mitzubringen?	Qu'est-ce qu'il faut apporter? [käs_kil fo aporteh]
(Akt-)Zeichnen	le dessin sur modèle [lö däsäng sür modäl]
(Aquarell-)Malen	l'aquarelle f [lakuaräl]
(Bauch-)Tanz	la danse (du ventre) [la dangs (dü vangtr)]
Fotografieren	la photographie [la fotografi]
Goldschmieden	l'orfèvrerie f [lorfäwröri]
Holzwerkstatt	l'atelier m de bois [latöljeh dbua]
Kochen	la cuisine [la küisin]
Kurs	le cours [lö kur]
Ölmalerei	la peinture à l'huile [la pängtür_a lüil]
Trommeln	le tam-tam [lö tamtam]
Workshop	l'atelier m [latöljeh]

> AUF ALLES VORBEREITET

Beim Arzt, bei der Polizei oder auf der Bank: Wenn's knifflig wird oder schnell gehen soll, dann hilft Ihnen dieses praktische Kapitel in jedem (Not-)Fall.

ARZT

■ AUSKUNFT | INFORMATIONS [ängformasjong]

Können Sie mir einen guten ... empfehlen?	Vous pourriez m'indiquer un bon ...? [wu purjeh mängdikeh äng bong sil wu plä]
Arzt	médecin [mehdsäng]
Augenarzt	ophtalmo(logiste) [oftalmo(loschist)]
Frauenarzt	gynéco(logue) [schinehko(log)]
Hals-Nasen-Ohren-Arzt	oto-rhino(-laryngologiste) [otorhinoh(larängoloschist)]

VON A BIS Z

Hautarzt	dermato(logue)	[därmato(log)]
Kinderarzt	pédiatre	[pehdjatr]
Nervenarzt	neurologue	[nöhrolog]
Praktischen Arzt	généraliste	[schehnehralist]
Urologen	urologue	[ürolog]
Zahnarzt	dentiste	[dangtist]
Wo ist seine Praxis?	Où se trouve son cabinet, s.v.p.?	
	[u struw song kabineh sil wu plä]	

 Apotheke: Seite 57, 60

■ BEIM ARZT | CHEZ LE MÉDECIN [scheh mehdsäng]

Was für Beschwerden haben Sie?	Qu'est-ce qui ne va pas? [käs_kin wa pa]
Ich habe mich verletzt.	Je me suis blessé. [schöm süi blehseh]
Ich habe Fieber.	J'ai de la fièvre. [schä dla fjäwr]
Mir ist oft schlecht/ schwindelig.	J'ai souvent des nausées/vertiges. [schä suwang deh nohseh/wärtisch]
Ich bin ohnmächtig geworden.	Je me suis évanoui/e [schö mö süis_ehwanui]
Ich bin stark erkältet.	Je suis très enrhumé. [schö süi träs_angrümeh]
Ich habe Kopfschmerzen.	J'ai mal à la tête. [schä mal a la tät]
Ich habe Halsschmerzen.	J'ai mal à la gorge. [schä mal a la gorsch]
Ich habe Husten.	Je tousse. [schö tus]
Ich bin gestochen/ gebissen worden.	J'ai été piqué/mordu. [schä ehteh pikeh/mordü]
Ich habe Durchfall/ Verstopfung.	J'ai la diarrhée./Je suis constipé. [scheh la djareh/schö süi kongstipeh]
Wo tut es weh?	Où est-ce que vous avez mal? [u äs_kö wus_aweh mal]
Ich habe hier Schmerzen.	J'ai mal ici. [schä mal isi]
Ich bin Diabetiker.	Je suis diabétique. [schö süi djabehtik]
Ich bin schwanger.	J'attends un enfant/Je suis enceinte. [schatang ängn_angfang/schö süis_angsängt]
Es ist nichts Ernstes.	Il n'y a rien de grave. [il nja rjängd graw]
Können Sie mir bitte etwas gegen … geben/ verschreiben?	Vous pouvez me donner/prescrire quelque chose contre …, s.v.p.? [wu puweh mö doneh/präskrir kälkö schohs kongtr sil wu plä]

WIE DIE EINHEIMISCHEN

Insider Tipps

▶ Zahlen bitte!
Ob Kassen- oder Privatpatient/in, wenn Sie in Frankreich zum Arzt gehen, müssen Sie die Rechnung sofort begleichen.

▶ Über Ursachen
Wenn es um Beschwerden geht, gibt es länderspezifische Unterschiede: Deutsche geben meist ihrem Kreislauf die Schuld, die Franzosen dagegen ihrer Leber. Natürlich ist das für sie kein Grund, etwas weniger zu trinken. Nein, Franzosen essen dafür vorsichtshalber weniger Eier (so erklärte uns eine Französin).

> **www.marcopolo.de/franzoesisch**

VON A BIS Z

■ BEIM ZAHNARZT | CHEZ LE DENTISTE [schehl dangtist]

Ich habe (starke) Zahn-schmerzen.	J'ai (très) mal aux dents. [schä (trä) mal_oh dang]
Ich habe eine Füllung verloren.	J'ai perdu un plombage. [schä pärdü äng plongbasch]
Mir ist ein Zahn abgebrochen.	Je me suis cassé une dent. [schöm süi kaseh ün dang]
Geben Sie mir bitte eine Spritze.	Faites-moi une piqûre, s.v.p. [fätmua ün pikür sil wu plä]
Geben Sie mir bitte keine Spritze.	Ne me faites pas de piqûre, s.v.p. [nöm fät pad pikür sil wu plä]

■ IM KRANKENHAUS | A L'HÔPITAL [a lopital]

Wie lange muss ich hier bleiben?	Combien de temps est-ce que je vais devoir rester ici? [kongbjängd tang äs_kö schö wä döwuar rästeh isi]
Wann darf ich aufstehen?	Quand est-ce que je pourrai me lever? [kangt_äs_kösch püräm lweh]

Abszess	l'abcès m [labsä]
Aids	le sida [lö sida]
Allergie	l'allergie f [lalärschi]
ansteckend	contagieux/contagieuse [kongtaschjöh/kongtaschjöhs]
Arm	le bras [lö bra]
Asthma	l'asthme m [lasm]
Atembeschwerden	les troubles m respiratoires [leh trublö räspiratuar]
atmen	respirer [räspireh]
Auge	l'œil m [löj], pl. les yeux [lehs_jöh]
Ausschlag	l'éruption f [lehrüpsjong]
Bänderriss	la rupture de tendon [la rüptür dö tangdong]
Bauch	le ventre [lö wangtr]
Bein	la jambe [la schangb]
bewusstlos	sans connaissance [sang konäsangs]
Blähungen	les vents m [leh wang]
Blase	la vessie [la wehsi]
Blinddarm	l'appendice m [lapängdis]
bluten	saigner [sehnjeh]
Blut	le sang [lö sang]
Blutdruck (hoher/niedriger)	la tension (l'hypertension f/l'hypotension f) [la tangsjong (lipärtangsjong/lipohtangsjong)]
Blutvergiftung	la septicémie [la säptisehmi]
Borreliose	la borréliose [la borehljos]
Bronchitis	la bronchite [la brongschit]
Bruch	(Knochen~) la fracture [la fraktür]

Brust	la poitrine [la puatrin]
Bypass	le by-pass [lö baipas]
Darm	l'instestin m [längtästäng]
Diabetes	le diabète [lö djabät]
Durchfall	la diarrhée [la djareh]
Eiter	le pus [lö pü]
Empfang	l'accueil [laköj]
Entzündung	l'inflammation f [längflamasjong]
erbrechen, sich	vomir [womir]
erkälten, sich	prendre froid [prangdrö frua]
Facharzt	le spécialiste [lö spehsjalist]
Fehlgeburt	la fausse-couche [la fohskusch]
Fieber	la fièvre [la fjäwr]
Finger	le doigt [lö dua]
Fuß	le pied [lö pjeh]
Gallenblase	la vésicule biliaire [la wäsikül biljär]
gebrochen	cassé/e [kaseh]
Gehirn	le cerveau [lö särwoh]
Gehirnerschütterung	la commotion cérébrale [la komosjong sehrehbral]
Gehirnschlag	l'embolie f [langboli]
Gelbsucht	la jaunisse [la schohnis]
Gelenk	l'articulation f [lartikülasjong]
Geschlechtskrankheit	la maladie vénérienne [la maladi wehnehrjän]
Geschlechtsorgane	les organes génitaux [lehs_organ schehnitoh]
geschwollen	enflé/e [angfleh]
Geschwür	l'ulcère m [lülsär]
Gesicht	le visage [lö wisasch]
Grippe	la grippe [la grip]
Hals	le cou [lö ku] (Kehle) la gorge [la gorsch]
Halsschmerzen	le mal de gorge [lö mal dö gorsch]
Hand	la main [la mäng]
Haut	la peau [la poh]
Herpes	l'herpès m [tärpäs]
Herz	le cœur [lö kör]
Herzanfall	la crise cardiaque [la kris kardjak]
Herzbeschwerden	les troubles m cardiaques [leh trublö kardjak]
Herzfehler	la déficience cardiaque [la dehfisjangs kardjak]
Herzinfarkt	l'infarctus m [längfarktüs]
Herzschrittmacher	le stimulateur cardiaque [lö stimülatör kardjak]
Hexenschuss	le tour de reins [lö tur dö räng]
Hirnhautentzündung	la méningite [la mehnängschit]
HIV-positiv	séropositif [sehropositif]
Hüfte	la hanche [la angsch]
Husten	la toux [la tu]

> *www.marcopolo.de/franzoesisch*

VON A BIS Z

Impfung	la vaccination [la waksinasjong]
Infektion	l'infection f [längfäksjong]
Ischias	la sciatique [la sjatik]
Karies	la carie [la kari]
Kinderlähmung	la polio(myélite) [la poljo(mjehlit)]
Knie	le genou [lö schnu]
Knöchel	la cheville [la schwij]
Knochen	l'os m [los]
Knochenbruch	la fracture [la fraktür]
Kolik	la colique [la kolik]
Kopf	la tête [la tät]
Kopfschmerzen	les maux de tête [leh mohd tät]
Krampf	la crampe [la krangp]
krank	malade [malad]
Krankenhaus	l'hôpital m [lopital]
Krankenschein	la feuille de maladie/de soins [la föj dö maladi/dö suäng]
Krankenschwester	l'infirmière [längfirmjär]
Krankheit	la maladie [la maladi]
Krebs	le cancer [lö kangsär]
Kreislaufstörung	les troubles m de la circulation [leh trublö dö la sirkülasjong]
Kur	la cure [la kür]
Lähmung	la paralysie [la paralisi]
Lebensmittelvergiftung	l'intoxication f alimentaire [längtoksikasjong alimangtär]
Leber	le foie [lö fua]
Lippe	la lèvre [la läwr]
Lunge	le poumon [lö pumong]
Magen	l'estomac m [lästoma]
Magenschmerzen	les maux m d'estomac [leh moh dästoma]
Mandeln	les amygdales f [lehs_amidal]
Masern	la rougeole [la ruschol]
Menstruation	les règles f [leh rägl]
Migräne	la migraine [la migrän]
Mittelohrentzündung	l'otite f [lotit]
Mumps	les oreillons m [lehs_oräjong]
Mund	la bouche [la busch]
Muskel	le muscle [lö müskl]
Narbe	la cicatrice [la sikatris]
Narkose	l'anesthésie f [lanästehsi]
Nase	le nez [lö neh]
Nerv	les nerfs m [leh när]
nervös	nerveux [närwöh]
Nierenentzündung	la néphrite [la nehfrit]
Nierenstein	le calcul rénal [lö kalkül rehnal]
Ohnmacht	l'évanouissement m [lehwanuismang]

Ohr	l'oreille f [loräj]
Operation	l'opération f [lopehrasjong]
Pilzinfektion	la mycose [la mikos]
Plombe	le plombage [lö plongmbasch]
Pocken	la variole [la warjol]
Praxis	le cabinet [lö kabinä]
Prellung	la contusion [la kongtüsjong]
Prothese	la prothèse [la protäs]
Puls	le pouls [lö pu]
Quetschung	la contusion [la kongtüsjong]
Rheuma	le rhumatisme [lö rümatism]
Rippe	la côte [la koht]
röntgen	faire une radio(graphie) [fär ün radjoh(grafi)]
Röteln	la rubéole [la rübol]
Rücken	le dos [lö doh]
Rückenschmerzen	les douleurs f dorsales [leh dulör dorsal]
Salmonellen	la salmonellose [la salmonälohs]
Schädel	le crâne [lö kran]
Scharlach	la scarlatine [la skarlatin]
Schienbein	le tibia [lö tibja]
Schlaflosigkeit	les insomnies f [lehs_ängsomni]
Schlaganfall	l'attaque f cérébrale [latak sehrehbral]
Schlüsselbein	la clavicule [la klawikül]
Schmerzen	les douleurs f [leh dulör]
Schnittwunde	la coupure [la kupür]
Schnupfen	le rhume [lö rüm]
Schulter	l'épaule f [lehpohl]
Schüttelfrost	les frissons [leh frisong]
Schwangerschaft	la grossesse [la grosäs]
Schwellung	l'enflure f [langflür]
Schwindel	le vertige [lö wärtisch]
schwitzen	transpirer [trangspireh]
Sonnenstich	l'insolation f [längsolasjong]
Speiseröhre	le tube digestif [lö tüb dischastif]
Sprechstunde	la consultation [la kongsültasjong]
Spritze	la piqûre [la pikür]
Stich	la piqûre [la pikür]
Stirnhöhlenentzündung	la sinusite [la sinüsit]
Stuhlgang	les selles f [leh säl]
Tetanus	le tétanos [lö tehtanohs]
Trommelfell	le tympan [lö tängpang]
Typhus	la typhoïde [la tifoid]
Übelkeit	la nausée [la nohseh]
Ultraschalluntersuchung	l'échographie f [lehkohgrafi]

> *www.marcopolo.de/franzoesisch*

VON A BIS Z

Unterleib	le bas-ventre [lö bawangtr]
Untersuchung	l'examen m [lägsamäng]
Urin	l'urine f [lürin]
Verband	le pansement [lö pangsmang]
verbinden	panser [pangseh]
Verbrennung	la brûlure [la brülür]
Verdauung	la digestion [la dischästjong]
Verdauungsstörung	les troubles m digestifs [leh trublö dischästif]
Vergiftung	l'empoisonnement m [langpuasonmang]
verletzen	blesser [blehseh]
Verletzung	la blessure [la blehsür]
verschreiben	prescrire [präskrir]
verstaucht	foulé/e [fuleh]
Verstopfung	la constipation [la kongstipasjong]
Virus	le virus [lö wirüs]
Wartezimmer	la salle d'attente [la sal datangt]
wehtun	faire mal [fär mal]
Windpocken	la varicelle [la warisäl]
Wunde	la plaie [la plä]
Zahn	la dent [la dang]
Zecke	la tique [la tik]
Zehe	l'orteil m [lortäj]
Zerrung	le claquage (musculaire) [lö klakasch (müskülär)]
ziehen (Zahn)	arracher [arascheh]
Zunge	la langue [la lang]

BANK/GELDWECHSEL

Wo ist hier bitte eine Bank?	Pardon Mme/Mlle/M., je cherche une banque. [pardong madam/madmuasäl/mösjöh schö schärsch ün bank]
Ich möchte … Schweizer Franken in Euro wechseln.	Je voudrais changer … francs suisses en euros. [schwudrä schangscheh frang süis ang öhrohs]
Ich möchte diesen Reisescheck einlösen.	Je voudrais encaisser ce chèque de voyage. [schwudrä ankäseh sö schäk dö wuajasch]
Ihre Bankkarte, bitte.	Votre carte bancaire, s.v.p. [wotrö kart bangkär sil wu plä]
Darf ich bitte … sehen?	Vous avez …, s.v.p.? [wus_aweh sil wu plä]
Ihren Pass	votre passeport [wotrö paspor]
Ihren Ausweis	une pièce d'identité [ün pjäs didangtiteh]
Würden Sie bitte hier unterschreiben?	Vous signez ici, s.v.p. [wu sinjeh isi sil wu plä]

Der Geldautomat akzeptiert meine Karte nicht.	Le distributeur n'accepte pas ma carte. [lö distribütör naksäpt pa ma kart]
Der Geldautomat gibt meine Karte nicht mehr heraus	Le distributeur ne rend pas ma carte. [lö distribütör nö rang pa ma kart]
auszahlen	payer [pehjeh]
Bank	la banque [la bank]
Bankkarte	la carte bancaire [la kart bangkär]
Betrag	le montant [lö mongtang], la somme [la som]
Euro	l'euro m [löhro]
Formular	le formulaire [lö formülär]
Geheimzahl	le numéro de code [lö nümehrod_kod]
Geld	l'argent m [larschang]
Geldautomat	le distributeur [lö distribütör]
Geldschein	le billet [lö bijä]
Geldwechsel	le change [lö schangsch]
Kasse	la caisse [la käs]
Kleingeld	la monnaie [la monä]
Kreditkarte	la carte de crédit [la kart dö krehdi]
Kurs	le cours [lö kur]
Ladeterminal	la borne de rechargement moneo [la born dö röscharschemang monehoh]
Münze	la pièce de monnaie [la pjäs dö monä]
Reisescheck	le chèque de voyage [lö schäk dö wuajasch]
Schalter	le guichet [lö gischä]
Scheck	le chèque [lö schäk]
umtauschen	changer [schangscheh]
Unterschrift	la signature [la sinjatür]
Währung	la monnaie [la monä]
Wechselkurs	le cours de change [lö kur dö schangsch]
Wechselstube	le bureau de change [lö büroh schangsch]

FARBEN

Zeigebilder: Seite 4

beige	beige [bäsch]
blau	bleu [blö]
braun	marron [marong]
einfarbig	uni [üni]
farbig	de couleur [dö kulör]
gelb	jaune [schon]

> *www.marcopolo.de/franzoesisch*

VON A BIS Z

goldfarben	doré [doreh]
grau	gris [gri]
grün	vert [wär]
lila	lilas [lila], mauve [mow]
orange	orange [orangsch]
rosa	rose [ros]
rot	rouge [rusch]
schwarz	noir [nuar]
silberfarben	argenté [arschangteh]
türkis	turquoise [türkuas]
violett	violet [wjolä]
weiß	blanc [blang]
hellblau/hellgrün	bleu/vert clair [blö/vär klär]
dunkelblau/dunkelgrün	bleu/vert foncé [blö/vär fongseh]

FOTOGRAFIEREN

 Zeigebilder: Seite 59

Darf ich Sie fotografieren?	Est-ce que je peux vous prendre en photo? [äs_ kösch_pö wu prangdr_ang fotoh]
Ist hier Fotografieren erlaubt?	Est-ce qu'on a le droit de photographier ici? [äs_kongn_al_druad_fotografjeh isi]
Könnten Sie bitte ein Foto von uns machen?	Pourriez-vous nous prendre en photo, s'il vous plaît? [purjeh wu nu prandr_ang foto sil wu plä]
Sie drücken auf diesen Knopf.	Vous appuyez sur ce bouton. [wus_apüjeh sür sö butong]
Das ist sehr freundlich.	C'est très gentil. [sä trä schangti]

FUNDBÜRO

Wo ist das Fundbüro, bitte?	Où est le bureau des objets trouvés, s.v.p.? [u_ä lö büroh dehs_obschä truweh sil wu plä]
Ich habe … verloren.	J'ai perdu … [schä pärdü]
Ich habe meine Handtasche im Zug vergessen.	J'ai oublié mon sac à main dans le train. [schä ublieh mong sak_a mäng dangl träng]
Benachrichtigen Sie mich bitte, wenn sie gefunden werden sollte.	Avertissez-moi si on le retrouve. [awärtisehmua si ong lö rtruw]
Hier ist meine Hotelanschrift/ meine Heimatadresse.	Voici l' adresse de mon hôtel/mon adresse privée. [wuasi ladräs dö mong_ohtehl/mong adräs priveh]

INTERNETCAFÉ

Wo gibt es in der Nähe ein Internetcafé?	Où est-ce qu'il y a un café Internet dans le coin? [u äs_kilja äng kafeh ängtärnät dangl küang]
Wieviel kostet eine Stunde?/ Viertelstunde?	C'est combien pour une heure?/ un quart d'heure? [sä konbjäng pur_ün ör/äng kar dör]
Kann ich eine Seite ausdrucken?	Je peux imprimer une page? [schpö ängprimeh ün pasch]
Hier klappt die Verbindung nicht.	Ici, je n'ai pas de connexion. [isi sch_nä pad_konäksjong]
Ich habe Probleme mit dem Computer.	J'ai des problèmes avec l'ordinateur. [schä deh probläm_awäk lordinatör]
Kann ich bei Ihnen Fotos von meiner Digitalkamera auf CD brennen?	Est-ce que chez vous je peux graver des photos directement de mon appareil digital sur CD? [äs_ kö scheh wu sch_pö graweh deh foto diräktomäng dmongn_aparäj dischital sür sehdeh]
Haben Sie auch ein Headset zum Telefonieren?	Est-ce que vous avez aussi un casque-micro pour téléphoner? [äs_kö wus_aveh osi äng kaskmikro pur tehlehfoneh]

KINDER UNTERWEGS

Gibt es auch Kinderportionen?	Vous faites des demi-portions pour les enfants? [wu fät deh dmiporsjong pur lehs_angfang]
Könnten Sie mir bitte das Fläschchen warm machen?	Pourriez-vous faire chauffer le biberon, s'il vous plaît? [purjeh wu fär schohfeh lö bibrong sil wu plä]
Haben Sie einen Wickelraum?	Est-ce qu'il y a une nurserie? [äs_kil_ja ün nörsöri]
Bitte bringen Sie noch einen Kinderstuhl.	Pourriez-vous apporter une chaise d'enfant, s'il vous plaît. [purjeh wu aporteh ün schäs dangfang sil wu plä]

Babybett	lit pour bébés [li pur behbeh]
Babyfon	l'interphone-bébés m [längtärfonbehbeh]
Babysitter	le/la baby-sitter [lö/la behbisitör]
Fläschchenwärmer	le chauffe-biberon [lö schohfbibrong]
Kinderautositz	le siège-enfant [lö sjäschangfang]
Kinderbetreuung	la garderie [la gardöri]
Kinderermäßigung	la réduction (pour) enfants [la rehdüksjong (pur) angfang]
Kindernahrung	les aliments m pour bébés [lehs_alimang pur behbeh]
Planschbecken	la pataugeoire [la patohschuar]
Saugflasche	le biberon [lö biberong]
Schnuller	la sucette [la süsät]
Schwimmflügel	les flotteurs m [leh flotör]

> *www.marcopolo.de/franzoesisch*

VON A BIS Z

Schwimmring	la bouée [la bueh]
Spielplatz	le terrain de jeux [lö tärängd schöh]
Spielsachen	les jouets m [leh schuä]
Wickeltisch	la table à langer [la tabl a langscheh]
Windeln	les couches f [leh kusch]

POLIZEI

Wo ist bitte das nächste Polizeirevier?	Où est le commissariat de police le plus proche, s.v.p.? [u à lö komisariad polis lö plü prosch sil wu plä]
Ich möchte einen ... anzeigen.	Je voudrais faire une déclaration ... [schwudrä fär ün dehklarasjong]
Diebstahl	de vol. [dwol]
Verlust	de perte. [dö pärt]
Unfall	d'accident. [daksidang]
Mir ist ... gestohlen worden..	On m'a volé ... [ong ma woleh]
die Handtasche	mon sac à main. [mong sak a mäng]
der Geldbeutel	mon porte-monnaie [mong portmonä]
mein Fotoapparat	mon appareil-photo. [mongn_aparäjfotoh]
mein Auto	ma voiture. [ma wuatür]
Mein Auto ist aufgebrochen worden.	On a fracturé la porte de ma voiture. [ongn_a fraktüreh la portö dö ma wuatür]
Aus meinem Auto ist ... gestohlen worden.	On a volé ... dans ma voiture. [ongn_a woleh dang ma wuatür]
Ich habe ... verloren.	J'ai perdu ... [scheh pärdü]
Mein Sohn/Meine Tochter ist verschwunden.	Mon fils/Ma fille a disparu. [mong fis/ma fij a disparü]
Können Sie mir bitte helfen?	Vous pouvez m'aider, s.v.p.? [wu puweh mehdeh sil wu plä]

WIE DIE EINHEIMISCHEN

Insider Tipp

Dein Freund und Helfer

Sie wundern sich über die verschiedenen Polizeiuniformen? In Frankreich gibt es *la Police* [la polis] und *la Gendarmerie* [la schangdarmri]. Die *Police* ist für die Stadt zuständig und dem Innenministerium unterstellt, die *Gendarmerie* kümmert sich um ländliche Gegenden und gehört zur Armee.

Ihren Namen und Ihre Anschrift, bitte.	Votre nom et votre adresse, s.v.p. [wotrö nong eh wotr_adräs sil wu plä]
Wenden Sie sich bitte an das ...	Adressez-vous au ..., s.v.p. [adräseh wu oh sil wu plä]
deutsche Konsulat.	consulat d'Allemagne [kongsüla dalmanj]
österreichische Konsulat.	consulat d'Autriche [kongsüla dohtrisch]
Schweizer Konsulat.	consulat de Suisse [kongsüla dö süis]
anzeigen	faire une déclaration [fär_ün dehklarasjong]
aufbrechen	fracturer [fraktüreh]
Autoradio	l'autoradio m [lotohradjoh]
Autoschlüssel	les clés f de voiture [leh klehd wuatür]
belästigen	importuner [ängportüneh]
beschlagnahmen	confisquer [kongfiskeh]
Brieftasche	le portefeuille [lö portöföj]
Dieb	le voleur [lö wolör]
Diebstahl	le vol [lö wol]
Gefängnis	la prison [la prisong]
Geld	l'argent m [larschang]
Geldbeutel	le porte-monnaie [lö portmonä]
Gericht	le tribunal [lö tribünal]
Papiere	les papiers m [leh papjeh]
Personalausweis	la pièce d'identité [la pjäs didangtiteh]
Polizei	la police [la polis]
Polizist/in	l'agent m de police [laschangd polis]
Rauschgift	la drogue [la drog]
Rechtsanwalt/anwältin	l'avocat/e [lawoka/lawokat]
Reisepass	le passeport [lö paspor]
Richter/in	le juge [lö schüsch]
Scheck	le chèque [lö schäk]
Bankkarte	la carte bancaire [la kart bangkär]
Schlüssel	la clé [la kleh]
Taschendieb	le voleur à la tire [lö wolör a la tir]
Überfall	(Person) l'agression f [lagräsjong]; (Bank) le hold-up [oldöp]
Verbrechen	le crime [lö krim]
Vergewaltigung	le viol [lö wjol]
verhaften	arrêter [aräteh]
verlieren	perdre [pärdr]
zusammenschlagen	rouer de coups [ruehd ku]

> www.marcopolo.de/franzoesisch

VON A BIS Z

POST

Wo ist …	Où se trouve … [u struw]
das nächste Postamt?	le bureau de poste le plus proche? [lö bürohd post lö plü prosch]
der nächste Briefkasten?	la boîte aux lettres la plus proche? [la buat oh lötrö la plu prosch]
Was kostet …	Quel est le tarif d'affranchissement … [käl_ä lö tarif dafrangschismang]
ein Brief …	des lettres … [deh lätr]
eine Postkarte …	des cartes postales … [deh kart postal]
… nach Deutschland?	… pour l'Allemagne? [pur lalmanj]
… nach Österreich?	… pour l'Autriche? [pur lohtrisch]
… in die Schweiz?	… pour la Suisse? [pur la süis]
Diesen Brief bitte per …	Je voudrais envoyer cette lettre … [schwudrä angwuajeh sät lätr]
Luftpost.	par avion. [par awjong]
Express.	en exprès. [angn_äkspräs]
Absender	l'expéditeur m [läkspehditör]
Adresse	l'adresse f [ladräs]
aufgeben	(Brief) poster [posteh]
ausfüllen	remplir [rangplir]
Brief	la lettre [la lätr]
Briefkasten	la boîte aux lettres [la buat_oh lätr]
Briefmarke	le timbre [lö tängbr]
Briefumschlag	l'enveloppe f [langwlop]
Eilbrief	la lettre exprès [la lätr_äkspräs]
Empfänger	le destinataire [lö dästinatär]
Formular	le formulaire [lö formülär]
frankieren	affranchir [afrangschir]
Gebühr	la taxe [la taks], le tarif [lö tarif]
Gewicht	le poids [lö pua]
Hauptpostamt	la poste centrale [la post sangtral]
Leerung	la levée [la löweh]
Luftpost, mit	par avion [par_awjong]
Paket	le colis [lö koli]
Porto	le port [lö por]
Post	la poste [la post]
Postkarte	la carte postale [la kart postal]
Postleitzahl	le code postal [lö kod postal]
Schalter	le guichet [lö gischä]

TELEFONIEREN

Ich möchte eine Telefonkarte.	Je voudrais une carte de téléphone. [schwudrä ün kart dö tehlehfon]
Wie ist die Vorwahl von ...?	Quel est l'indicatif de ...? [käl ä längdikatif dö]
Bitte ein Ferngespräch nach ...	Je voudrais téléphoner à ..., s.v.p. [schwudrä tehlehfoneh a sil wu plä]
Hier spricht ...	Mme/Mlle/M. ... à l'appareil. [madam/madmuasäl/mösjöh a laparäj]
Hallo, mit wem spreche ich?	Allô? Qui est à l'appareil? [aloh ki ät_a laparäj]
Kann ich bitte Herrn/ Frau ... sprechen?	Est-ce que je pourrais parler à Mme/Mlle/ M. ..., s.v.p.? [äs_kösch purä parleh a mösjöh/madam/madmuasäl sil wu plä]

abnehmen	décrocher [dehkroscheh]
Anruf	le coup de téléphone [lö ku dö tehlehfon]
anrufen	appeler [apöleh] téléphoner à [tehlehfoneh a]
Auskunft	les renseignements m [leh rangsänjömang]
Auslandsgespräch	un appel pour l'étranger [ängn_apäl pur lehtrangscheh]
besetzt	occupé [oküpeh]
durchwählen	composer directement [kongpohseh diräktömang]
Ferngespräch	appel national/international [apäl nasjonal/ängtärnasjonal]
Gebühr	la taxe [la taks]; le tarif [lö tarif]
Gespräch	la communication [la kömünikasjong]; l'entretien m téléphonique [langtrötjäng tehlehfonik]
Handy, Mobiltelefon	le portable [lö portabl]
Münzfernsprecher	la cabine téléphonique [la kabin tehlehfonik]
Ortsgespräch	appel local [apäl lokal]
Telefon	le téléphone [lö tehlehfon]
Telefonbuch	l'annuaire m [lanüär]
Telefongespräch	la communication [la kömünikasjong]
telefonieren	téléphoner [tehlehfoneh]
Telefonkarte	la carte de téléphone [la kart dö tehlehfon]
Telefonnummer	le numéro de téléphone [lö nümehrohd tehlehfon]
Telefonzelle	la cabine téléphonique [la kabin tehlehfonik]
Verbindung	la communication [la kömünikasjong]
Vorwahlnummer	l'indicatif m [längdikatif]
wählen	composer le numéro [kongposeh lö numehroh]

> *www.marcopolo.de/franzoesisch*

VON A BIS Z

■ HANDY | LE PORTABLE [lö portabl]

Bitte eine SIM-Karte.	Une carte SIM s.v.p. [ün kart sim sil wu plä]
Bitte eine internationale Telefonkarte.	Une carte de téléphone internationale, s.v.p. [ün kart dö tehlehfon_ängtärnasjonal]
Wie viele Minuten kann ich mit einer Karte für … sprechen?	Combien de minutes est-ce que je peux parler pour … ? [kongbjäng dö minüt äs_kö schö pö parleh pur …]
Für welches Gebiet gilt diese SIM-Karte?	Cette carte SIM est pour quelle zone ? [sät kart sim ä pur käl son]
Könnten Sie mir bitte eine Tarifübersicht geben?	Pourriez-vous me donner une liste des tarifs ? [purjeh wum_doneh ün list deh tarif]
Haben Sie Guthabenkarten von …?	Avez-vous des cartes de recharge de ….? [aweh wu deh kart dö röscharsch dö]

TOILETTE UND BAD

Wo ist bitte die Toilette?	Où sont les toilettes, s'il vous plaît? [u song leh tualät sil wu plä]
Dürfte ich wohl bei Ihnen die Toilette benutzen?	Pourrais-je me permettre d'utiliser vos toilettes? [puräsch mö pärmätr dütiliseh woh tualät]
Würden Sie mir bitte den Schlüssel für die Toiletten geben?	Pouvez-vous me donner la clé pour les toilettes, s.v.p.? [puweh wum_doneh la kleh pur leh tualät sil wu plä]
Die Toilette ist verstopft.	Les toilettes sont bouchées. [leh twalät song buscheh]

Damen	dames [dam]
Handtuch	la serviette de toilette [la särwiät dö tualät]
Handwaschbecken	le lavabo [lö lawaboh]
Herren	hommes [om]
sauber	propre [propr]
schmutzig	sale [sal]
Seife	le savon [lö sawong]
Toilettenpapier	le papier toilette [lö papjeh tualät]

IMPRESSUM

Titelbild: mauritius images: Goodshoot
Fotos: Denis Pernath (S. 6/7, 10/11, 20/21, 54/55, 78/79, 90/91); LAIF/Back (S. 36/37); Cortina Hotel, München (S. 68/69)
Illustrationen: Mascha Greune, München
Zeigebilder/Fotos: Lazi&Lazi; Food Collection; Comstock; stockbyte, Fisch-Informationszentrum e.V.; Fotolia/Christian Jung; Fotolia/ExQuisine; photos.com
Bildredaktion: Factor Product, München (S. 6/7, 10/11, 20/21, 36/37, 54/55, 68/69, 78/79, 90/91); red.sign, Stuttgart (S. 41–45)
Zeigebilder/Illustrationen: Factor Product, München; HGV Hanseatische Gesellschaft für Verlagsservice, München (S. 44/45, 56, 58/59, 63, 66, 73, 75)

1. Auflage 2009
© MAIRDUMONT GmbH & Co. KG, Ostfildern
© auf der Basis PONS Reisewörterbuch Französisch
© PONS GmbH, Stuttgart

Chefredaktion: Michaela Lienemann, MAIRDUMONT
Konzept und Projektleitung: Carolin Hauber, MAIRDUMONT

Bearbeitet von: Jacqueline Sword, Hannover
Redaktion: PONS GmbH, Stuttgart; MAIRDUMONT, Ostfildern; Barbara Pflüger, Stuttgart
Mitarbeit an diesem Werk: Jens Bey, MAIRDUMONT; Eva-Maria Hönemann, MAIRDUMONT
Satz: Fotosatz Kaufmann, Stuttgart

Kapitel Achtung! Slang:
Redaktion: MAIRDUMONT, Ostfildern; Bintang Buchservice GmbH, Berlin
Autor: Francois Morel-Fourrier, Freiburg

Titelgestaltung: Factor Product, München
Innengestaltung: Zum goldenen Hirschen, Hamburg; red.sign, Stuttgart

Das Werk einschließlich aller seiner Teile ist urheberrechtlich geschützt. Jede urheberrechtswidrige Verwertung ist ohne Zustimmung des Verlages unzulässig und strafbar. Das gilt insbesondere für Vervielfältigungen, Übersetzungen, Nachahmungen, Mikroverfilmungen und die Einspeicherung und Verarbeitung in elektronischen Systemen.
Trotz gründlicher Recherche unserer Autoren/innen können sich manchmal Fehler einschleichen. Der Verlag kann dafür keine Haftung übernehmen.
Printed in Hungary. Gedruckt auf 100% chlorfrei gebleichtem Papier.

WÖRTERBUCH

DIE 1333 WICHTIGSTEN WÖRTER

Die hinter der französischen Aussprache aufgeführten Zahlen verweisen auf die entsprechenden Seiten der themenbezogenen Kapitel.

A

ab à partir de [a partir dö]
abbestellen (Zimmer) décommander [dehkomangdeh]
Abend le soir [lö suar], la soirée [la suareh]
aber mais [mä]
Abfahrt le départ [lö dehpar] > 32, 34
Abflug le départ [lö dehpar] > 29
ablaufen (zu Ende gehen) se terminer [sö tärmineh]
ablehnen refuser [röfüseh]
Abreise le départ [lö dehpar] > 71
abreisen (nach) partir (pour) [partir (pur)]
Abschied nehmen prendre congé [prangdrö kongscheh] > 12
abschleppen remorquer [römorkeh] > 24 f.
Absender l'expéditeur m [läkspehditör] > 103
abwärts vers le bas [wär lö ba], en bas [ang ba]
Achtung attention! [atangssjong]
Adresse l'adresse f [ladräs] > 99, 103
Aktivurlaub vacances actives [wakangs_aktiw] > 85 ff.
alle tous [tus], toutes [tut]
allein seul [söl]
alles tout [tu]
als (zeitlich) quand [kang]; (bei Vergleich) que [kö]
also donc [donk]
alt vieux, vieille [wjöh, wjäj]; (aus früheren Zeiten) ancien, ne [angsjäng, angsjän]
Alter l'âge m [lasch] > 14
Amt (Dienststelle) l'office m [lofis], l'agence f [laschangs]
an à [a]
anbieten offrir [ofrir], proposer [propohseh]
andere, der, die, das ~ l'autre [lohtr]
ändern modifier [modifjeh]
anders adv autrement [ohträmang]
Anfang le commencement [lö komangsmang]
Angst la peur [la pör]
anhalten arrêter [arehteh], s'arrêter [sarehteh]
ankommen arriver [ariweh]
Ankunft l'arrivée [lariweh] > 30, 32
Anmeldung la réception [la rehsäpsjong]

Anreisetag le jour de l'arrivée [lö schur dö lariweh]
Anruf le coup de téléphone [lö ku dö tehlehfon] > 104
anrufen appeler [apöleh] téléphoner à [tehlehfoneh a]
Anschluss la correspondance [la koräspongdangs] > 30, 32
Anschrift l'adresse f [ladräs]
anstatt au lieu de [oh ljöh dö]
anstrengend fatigant, e [fatigang, fatigangt]
antworten répondre [rehpongdr]
Apotheke la pharmacie [la farmasi] > 56 f., 60
Appetit l'appétit m [lapehti]
arbeiten travailler [trawajeh]
ärgern, s. ~ über s'irriter de [siriteh dö]
arm pauvre [pohwrö]
Ärmelkanal la Manche [la mangsch]
Art la manière [la manjär], la façon [la fasong]
Arzt médecin [mehdsäng] > 93 ff.
Atlantik l'Atlantique m [latlangtik]
auch aussi [ohsi]; **~ nicht** (ne ...) pas non plus [(nö) pa nong plü]
auf sur [sür]
aufbrechen fracturer [fraktüreh] > 102
Aufenthalt le séjour [lö sehschur]; (Zug) l'arrêt m [larä]
aufgeben (Gepäck) faire enregistrer [fär_angrschistreh]; (Post) envoyer [angwuajeh] > 103
aufhören arrêter [arehteh]
aufpassen (auf) surveiller [sürwäjeh]
aufstehen se lever [sö löweh]
Augenblick l'instant m [längstang]
aus (Herkunft) de [dö]; (Material) en [ang]; (Grund) pour [pur]
Ausfahrt la sortie (d'autoroute) [la sorti (dotohrut)]
Ausflug l'excursion f [läkskürsjong] > 81
ausfüllen remplir [rangplir] > 103
Ausgang la sortie [la sorti]
Auskunft le renseignement [lö rangsänjmang] > 8, 20, 29, 31, 33
Ausländer/in l'étranger [lehtrangscheh], l'étrangère [lehtrangschär]

außen à l'extérieur [a läkstehrjör]
außer hors de [or dö]
außerdem d'autre part [dohtrö par], en outre [angn_utr]
Aussicht la vue [la wü]
aussprechen prononcer [pronongseh]
aussteigen descendre [dehsangdr] > 32, 34
Ausweis (Personal) la pièce d'identité [la pjäs didangtiteh]
Auto la voiture [la wuatür] > 23 ff.
Autopapiere les papiers m [leh papjeh] > 27, 102

B

Baby le bébé [lö behbeh] > 100 f.
Bahnhof la gare [la gar] > 31
bald bientôt [bjängtoh]
Bank (Geldinstitut) la banque [la bank] > 97 f.; (Sitzbank) le banc [lö bang]
Bar le bar [lö bar] > 82 f.
Baum l'arbre m [larbr]
beachten respecter [räspäkteh]
Beanstandung la réclamation [la rehklamasjong] > 38, 70 f.
beantworten répondre à [rehpongdr a]
bedeuten signifier [sinjifjeh]
Bedienung le service [lö särwis]
beenden terminer [tärmineh]
befinden, s. se trouver [sö truweh]
befreundet sein être amis [ätr_ami]
befürchten craindre [krängdr]
begegnen rencontrer [rankongtreh]
beginnen commencer [komangseh]
begleiten accompagner [akongpanjeh]
begrüßen saluer [salüeh] > 10
behalten garder [gardeh]
behindertengerecht aménagé/équipé pour handicapés [amehnaascheh/ehkipeh pur angdikapeh]
Behindertentoilette les toilettes f pour handicapés [leh tualät pur angdikapeh]
Behörde l'administration f [ladministrasjong]
bei (nahe) près de [prä dö]
beide tous/toutes les deux [tu/tut leh döh]
Beileid les condoléances f pl [lehkongdolangs]
Beispiel l'exemple m [lägsangpl]
beißen mordre [mordr]
beklagen, s. über se plaindre de [sö plängdrö dö]
belästigen importuner [ängportüneh] > 102
beleidigen offenser [ofangseh], vexer [wäkseh]
Belgien la Belgique [la bälschik]
Belgier/in le/la Belge [lö/la bälsch]

benachrichtigen avertir [awärtir]
benötigen avoir besoin de [awuar bösuäng dö]
benutzen utiliser [ütilisheh]; (Verkehrsmittel) prendre [prangdr]
Benzin l'essence f [läsangs] > 24 f.
Berg la montagne [la mongtanj]
Beruf la profession [la profäsjong]
beruhigen, s. ~ se calmer [sö kalmeh]
beschädigen endommager [angdomascheh]
bescheinigen attester [atästeh]
beschlagnahmen confisquer [kongfiskeh]
beschließen décider (de) [dehsideh (dö)]
beschweren, s. ~ (über) se plaindre (de) [sö plängdr (dö)]
besetzt (Platz) occupé, e [oküpeh]; (voll) plein, e [pläng, plän]
besichtigen voir [wuar], visiter [wisiteh]
Besichtigung la visite [la wisit] > 78 ff.
besitzen posséder [posehdeh]
Besitzer le propriétaire [lö proprijehtär]
besorgen procurer [proküreh]
bestätigen confirmer [kongfirmeh]
Besteck les couverts m [leh kuwär]
Bestellung la commande [la komangd] > 38
bestimmt adj certain, e [särtäng, särtän]; adv sûrement [sürmang]
besuchen, jdn ~ rendre visite à qn [rangdr wisit_a kälkäng]
Betrag le montant [lö mongtang]
betreten entrer dans [angtreh dang]
betrinken, s. ~ se soûler [sö suleh]
betrügen tromper [trongpeh]
betrunken soûl, e [su, sul], ivre [iwrö]; (leicht) éméché, e [ehmehscheh]
Bett le lit [lö li]
Bewohner l'habitant m [labitang]
bewusstlos sans connaissance [sang konäsangs], évanoui/e [ehwanui] > 92 f.
bezahlen payer [pehjeh]
Biene l'abeille f [labäj]
Bild le tableau [lö tabloh]
billig bon marché [bong marscheh]
bis jusqu'à [schüska]
bisschen, ein ~ un peu [äng pöh]
bitte (duzen) s'il te plaît [sil tö plä], (siezen) s'il vous plaît [sil wu plä] > 12
Bitte la demande [la dömangd] > 12
bitten, jdn um etw ~ demander qc à qn [dömangdeh]
blau bleu [blöh]
bleiben rester [rästeh]
Blitz l'éclair m [lehklär]; (Foto) le flash [lö

> *www.marcopolo.de/franzoesisch*

WÖRTERBUCH

flasch]
Blume la fleur [la flör]
Blut le sang [lö sang] ▸ 93
Boden le sol [lö sol]; (Fußboden) le plancher [lö plangscheh]
Boot le bateau [lö batoh] ▸ 85
böse méchant, e [mehschang, mehschangt]; (verärgert) en colère [ang kolär]
Botschaft (dipl. Vertretung) l'ambassade f [langbasad]
Brand l'incendie f [längsangdi]
brauchen avoir besoin de [awuar bösuäng dö]; (Zeit) mettre [mätr]
brechen casser [kaseh]
breit large [larsch]
Bremse le frein [lö fräng] ▸ 24 ff.
brennen brûler [brüleh]
Brief la lettre [la lätr] ▸ 103
Brieftasche le portefeuille [lö portföj] ▸ 102
Brille les lunettes f pl [leh lünät] ▸ 65
bringen (her~) apporter [aporteh]; (wegbringen) emporter [angpohrteh]
Brot le pain [lö päng] ▸ 43, 46, 64
Bruder le frère [lö frär]
Buch le livre [lö liwr]
buchstabieren épeler [ehpleh]
Bucht la crique [la krik]
Buchung la réservation [la rehsärwasjong] ▸ 6 ff., 30, 69
Büro le bureau [lö büroh]
Bus le bus [lö büs] ▸ 34

C

Café le salon de thé [lö salongd teh]
Camping le camping [lö kangping] ▸ 76 f.
Chef le patron [lö patrong]
Club/Diskothek club/discothèque [klöb/diskotäk] ▸ 82
Computer ordinateur [ordinatör] ▸ 59
Computerhandlung le magasin d'informatique [lö magasäng dängformatik] ▸ 56, 59
Cousin/e le cousin [lö kusäng], la cousine [la kusin]

D

da (dort) là [la]; (Grund) comme [kom]; (Zeit) alors [alor]
dafür, ~ sein être pour [ätrö pur]
dagegen, ~ sein être contre [ätrö kongtr]
daheim à la maison [a la mäsong]
daher (Grund) c'est pourquoi [sä purkua]

damals à l'époque [a lehpok], en ce temps-là [ang stangla]
Dame la dame [la dam]
danach après [aprä]
danken, (jdm) ~ remercier (qn) [römärsjeh (kälkäng)] ▸ 12
dann ensuite [angsüit]
da sein (anwesend) être là [ätrö la], être présent, e [ätrö prehsang, prehsangt]
dasselbe la même chose [la mäm schohs]
Datum la date [la dat] ▸ 17
Dauer la durée [la düreh]
dauern durer [düreh]
Decke (Bett~) la couverture [la kuwärtür]; (Zimmerdecke) le plafond [lö plafong]
defekt défectueux, -euse [dehfäktüöh, dehfäktüöhs], endommagé, e [angdomascheh] ▸ 24 f.
dein ton [tong], ta [ta]
denken an penser à [pangseh a]
denn car [kar]
deshalb c'est pourquoi [sä purkua]
Deutsche, der, die l'Allemand [lalmang], l'Allemande [lalmangd]
Deutschland l'Allemagne f [lalmanj]
dich toi [tua], te [tö]
dick gros, grosse [groh, grohs]; (geschwollen) enflé, e [angfleh]
Diebstahl le vol [lö wol] ▸ 101 f.
diese(r, -s) ce [sö], cet [sät], cette [sät], ces [seh]
Ding la chose [la schohs]
dir te [tö], à toi [a tua]
Direktor le directeur [lö däräktör]
Diskothek la discothèque [la diskotäk] ▸ 80 ff.
doch si! [si], pourtant [purtang]
Doktor le docteur [lö doktor]
doppelt double [dubl]
Dorf le village [lö wilasch]
draußen dehors [döor]
drin, drinnen à l'intérieur [a längtehrjör], dedans [dödang]
dringend urgent, e [ürschang, ürschangt]
Drogerie la parapharmacie [la parafarmasi] ▸ 56, 58
du tu [tü], toi [tua]
dumm bête [bät]
dunkel sombre [songbr]
dünn mince [mängs]
durch (quer ~) à travers [a trawär]; (Mittel) grâce à [gras_a]; (Passiv) par [par]
Durchgang le passage [lö pasasch]

Durchreise, auf der ~ en transit [ang trangsit]
Durchreisevisum le visa de transit [lö wisad]
durchschnittlich adj moyen, ne [muajäng, muajän]; adv en moyenne [ang muajan]
dürfen pouvoir [puwuar]
durstig sein avoir soif [awuar suaf]

E

eben (flach) plat, e [pla, plat]; (zeitlich) juste [schüst]
Ebene la plaine [la plän]
echt authentique [ohtangtik]
Ecke le coin [lö kuäng]
Ehe le mariage [lö marjasch]
Ehefrau la femme [la fam]
Ehemann le mari [lö mari]
Ehepaar le couple [lö kupl]
Ei l'œuf m [löf], pl les œufs [lehsöh]
Eigenschaft la qualité [la kaliteh]
Eigentümer le propriétaire [lö proprijehtär]
eilig pressé, e [präseh]
ein(e) un, une [äng, ün]
Einfuhr l'importation f [längportasjong]
Eingang l'entrée f [langtreh]
einige quelques [kälkö]
einigen, s. ~ se mettre d'accord [sö mäträ dakor]
einkaufen faire ses courses [fär seh kurs] > 54 ff.
einladen inviter [ängwiteh]
einmal une fois [ün fua]
einreisen entrer [atreh]
eins un [äng]
einsam seul, e [söl], solitaire [solitär]
eintreten entrer [angtreh]
Eintrittskarte le billet [lö bijä] > 83
Einwohner l'habitant m [labitang]
Eisenbahn le train [lö träng] > 31 f.
Elektrohandlung le magasin d'électroménager [lö magasänd deläktromenascheh] > 56, 59
Eltern les parents m pl [leh parang]
E-Mail-Adresse adresse mail [adräs mäil] > 8
Empfang la réception [la rehsäpsjong]
Empfänger le destinataire [lö dästinatär] > 103
empfehlen recommander [rökomangdeh]
enden se terminer [sö tärmineh]
endgültig adj définitif, -ive [dehfinitif, dehfinitiw]; adv définitivement [dehfinitiwmang]
endlich enfin [angfäng]
englisch anglais, e [anglä, anglä]

Enkel/in le petit-fils [lö ptifis], la petite-fille [la ptitfij]
entdecken découvrir [dehkuwrir]
entfernt éloigné, e [ehluanjeh]
entgegengesetzt opposé, e [opohseh]
entlang le long de [lö long dö]
entscheiden décider [dehsideh]
entschließen, s. ~ se décider [sö dehsideh]
Entschluss la décision [la dehsisjong]
entschuldigen, s. ~ s'excuser [säksküseh] > 12
Entschuldigung l'excuse f [läksküs] > 12
enttäuscht déçu, e [dehsü]
entweder ... oder ou ... ou [u u], ou bien ... ou bien [u bjäng u bjäng]
entwickeln développer [dehwölopeh]
er il [il], lui [lui]
Erde la terre [la tär]
Erdgeschoss le rez-de-chaussée [lö rehd schohseh]
ereignen, s. ~ se produire [sö prodüir]
Ereignis l'événement m [lehwänmang]
erfahren apprendre [aprangdr]; adj expérimenté, e [äksperimangteh]
erfreut (über) heureux, -euse (de) [öröh, öröhs (dö)]
Ergebnis le résultat [lö rehsülta]
erhalten recevoir [rösöwuar]; (durch Bemühung) obtenir [ohptónir]
erhältlich en vente [ang wangt]
erholen, s. ~ se rétablir [sö rehtablir]
erinnern, jdn an etw ~ rappeler qc à qn [rapleh kälkö schohs a kälkäng]; **s. erinnern** se souvenir [sö suwnir]
erkennen reconnaître [rökonätr]
erklären déclarer [dehklareh]; (deutlich machen) expliquer [äksplikeh]
erkundigen, s. ~ se renseigner [sö rangsehnjeh]
erlauben permettre [pärmätr]
Erlaubnis la permission [la pärmisjong]
erledigen régler [rehgleh]
Ermäßigung la réduction [la rehdüksjong] > 31 f.
ernst sérieux, -euse [sehrjöh, sehrjöhs]
erreichen atteindre [atängdr]
Ersatz (Schaden~) la compensation [la kongpangsasjong]
erschöpft épuisé, e [ehpüiseh]
erschrecken effrayer [ehfrehjeh]
ersetzen remplacer [rangplaseh]; (Schaden) réparer [rehpareh]
erst (zuerst) d'abord [dabor]; (nicht früher als) seulement [sölmang], ne ... que [nö kö]
Erwachsene(r) l'adulte m/f [ladült]

> *www.marcopolo.de/franzoesisch*

WÖRTERBUCH

erzählen raconter [rakongteh]
Erziehung l'éducation f [lehdükasjong]
es gibt il y a [il_ja]
essbar comestible [komästiblö]
Essen le repas [lö röpa] ▸ 36 ff., 64 f.
essen manger [mangscheh]
etwa à peu près [a pöh prä]
etwas quelque chose [kälkö schohs]; (ein wenig) un peu de [äng pöh dö]
euch vous [wu], à vous [a wu]
euer votre [wotr]
Euro l'euro m [löhro] ▸ 97 f.
Europa l'Europe f [löhrop]
Europäer/in l'Européen m [löhräng], l'Européenne f [löhrän]

F

Fabrik l'usine f [lüsin]
fahren aller [aleh]; (lenken) conduire [kongdüir]
Fahrkarte le billet [lö bijä] ▸ 31 f., 34
Fahrplan l'horaire m des bus/du métro/des trolleys [lorär deh büs/dü mehtroh/deh trolä] ▸ 34
Fahrrad le vélo [lö wehloh], la bicyclette [la bisiklät] ▸ 23 ff., 87
Fahrstuhl l'ascenseur m [lasangsör]
Fahrt le voyage [lö wuajasch], le trajet [lö traschä]
fallen tomber [tongbeh]
falsch faux, fausse [foh, fohs]; (betrügerisch) trompeur, -euse [trongpör, trongpöhs]
Familie la famille [la famij]
Familienname le nom de famille [lö nongd famij] ▸ 22
Farbe la couleur [la kulör] ▸ 4, 98
faul paresseux, -euse [paräsöh, paräsöhs]; (Obst) abîmé, e [abimeh]
fehlen manquer [mankeh]
Fehler (den man macht) la faute [la foht]; (den man hat) le défaut [lö dehfoh]
Feiertag le jour férié [lö schur fehrjeh] ▸ 18 f.
Feld le champ [lö schang]
Fels le rocher [lö roscheh]
Ferien les vacances f pl [leh wakangs]
Ferienhaus la maison de vacances/de campagne [la mäsongd wakangs/kangpanj] ▸ 74 f.
Ferngespräch la communication interurbaine [la komünikasjong ängtürbän] ▸ 104
fertig (bereit) prêt, e [prä, prät] (vollständig) fini, e [fini]
Fest la fête [la fät] ▸ 84
Festland la terre ferme [la tär färm] le continent [lö kongtinang]
fett gras/grasse [gra/gras]
feucht humide [ümid]
Feuer le feu [lö föh]
Feuerlöscher l'extincteur m [läkstänktör]
Feuermelder l'avertisseur m d'incendie [lawärtisör dängsangdi]
Feuerwehr les pompiers m pl [leh pongpjeh]
Film la pellicule [la pehlikül]; (Kino) le film [lö film] ▸ 82 f.
finden trouver [truweh]
Firma l'entreprise f [langtröpris]
Fisch le poisson [lö puasong] ▸ 45, 49
Fischhändler le poissonnier [lö puasonjeh]
Flasche la bouteille [la butäj]
Fleisch la viande [la wjangd] ▸ 44, 47 f., 64
Fliege la mouche [la musch]
fliegen voler [woleh]
fließen couler [kuleh]
Flirt le flirt [lö flört] ▸ 15 f.
Flug le vol [lö wol] ▸ 29 ff.
Flughafen l'aéroport m [laehropor] ▸ 29 ff.
Flugzeug l'avion m [lawjong] ▸ 29 ff.
Fluss la rivière [la riwjär]
folgen suivre [süiwr]
fordern exiger [ägsischeh]
Formular le formulaire [lö formülär], la formule [la formül]
fort parti, e [parti]
fortsetzen continuer [kongtinüeh]
Foto la photo [la fotoh]
Fotoartikel le photographe [lö fotograf] ▸ 56, 59
fotografieren photographier [fotohgrafjeh] ▸ 99
Frage la question [la kästjong]
fragen interroger [ängtärohscheh]
frankieren affranchir [afrangschir]
Frankreich la France [la frangs]
Franzose le Français [lö frangsä]
Französin la Française [la frangsäs]
französisch français, e [frangsä, frangsäs]
Frau la femme [la fam]; (Anrede, vor Namen) madame [madam]
frei libre [librö]; (gratis) gratuit, e [gratüi, gratüit]
fremd (ausländisch) étranger, -ère [ehtrangscheh, ehtrangschär]; (unbekannt) inconnu, e [änkonü]
Fremde, der, die l'étranger m [lehtrangscheh], l'étrangère f [lehtrangschär]; l'inconnu, e [länkonü]
Fremdenführer le guide [lö gid] ▸ 80

110 | 111

Freude la joie [la schua]
freuen, s. ~ über être content, e [ätr kongtang, kongtangt dö]
Freund/in l'ami [lami], l'amie [lami]; le petit ami [lö ptit_ami], la petite amie [la ptit_ami]
freundlich aimable [ämabl]
Freundlichkeit l'amabilité f [lamabiliteh]
Friede la paix [la pä]
frieren avoir froid [awuar frua]
frisch frais, fraîche [frä, fräsch]; (neu) nouveau, nouvel, le [nuwoh, nuwäl]; (Wäsche) propre [propr]
Friseur le salon de coiffure [lö salongd kuafür] > 56, 61
froh (zufrieden) content, e [kongtang, kongtangt]; (glücklich) heureux, -euse [öröh, öröhs]; (lustig) gai, e [gä]
früh tôt [toh]
Frühstück petit déjeuner [pti dehschönen] > 39, 46
fühlen sentir [sangtir]
Führer (für Fremde) le guide [lö gid]
Führerschein le permis de conduire [lö pärmid kongdür] > 25
Führung la visite guidée [la wisit gideh] > 79 f.
Fundbüro le bureau des objets trouvés [lö büroh dehs_obschä truweh] > 99
funktionieren fonctionner [fonksjoneh]
für pour [pur]
fürchten craindre [krängdr]; **s. fürchten vor** avoir peur de [awuar pör dö]
fürchterlich affreux, -euse [afröh, afröhs]

G

Gabel la fourchette [la furschät]
Gang (Auto) la vitesse [la witäs]; (Durchgang) le passage [lö pasasch]; (Flur) le couloir [lö kuluar]; (Essen) le plat [lö pla]
ganz tout [tu], toute [tut]; pl tous [tus], toutes [tut]; adv complètement [kongplätmang]; (vollständig) entier, -ère [angtjeh, angtjär], complet, -ète [kongplä, kongplät]
Garage le garage [lö garasch]
Garantie la garantie [la garangti]
Garten le jardin [lö schardäng]
Gast l'hôte m [loht], l'invité, e [längwiteh]
Gastgeber/in l'hôte m [loht], l'hôtesse f [lohtäs]
Gasthaus/Gasthof l'hôtel m [lohtäl]
Gebäude le bâtiment [lö batimang]
geben donner [doneh]
Gebet la prière [la prijär]
Gebirge la montagne [la mongtanj] > 81

geboren né, e [neh]
Gebühr les droits m [lö drua]; la taxe [la taks]; le tarif [lö tarif]
Geburt la naissance [la näsangs]
Geburtstag l'anniversaire m [laniwärsär]
Geburtsdatum la date de naissance [la dat dö näsangs] > 22
Geburtsname le nom de jeune fille [lö nongd jön fij] > 22
Geburtsort le lieu de naissance [lö ljöhd näsangs] > 22
Gedanke l'idée f [lideh]
gefährlich dangereux, -euse [dangschröh, dangschröhs]
Gefallen le service [lö särwis]
Gefängnis la prison [la prisong] > 102
Gefühl le sentiment [lö sangtimang]
gegen contre [kongtr]; (in Richtung auf, zeitlich) vers [wär]
Gegend la région [la rehschjong]
Gegenstand l'objet m [lobschä]; (Gesprächs-) le sujet [lö süschä]
Gegenteil le contraire [lö kongträr]
geheim secret, secrète [sökrä, sökrät]
gehen aller [aleh]; (zu Fuß) marcher [marscheh]
gehören appartenir [apartönir]
Geistlicher l'ecclésiastique m [lehklehsjastik]
gelb jaune [schohn]
Geld l'argent m [larschang] > 97 f.
Geldautomat le distributeur [lö distribütör] > 98
Geldbeutel le porte-monnaie [lö portmonä]
Geldstück la pièce de monnaie [la pjäs dö monä]
Geldwechsel le change [lö schangsch] > 97 f.
Gelegenheit l'occasion f [lokasjong]
gemeinsam adj commun, e [komöng, komün]; adv ensemble [angsangbl]
gemischt mixte [mikst], mélangé, e [mehlangscheh]
Gemüse légumes [lehgüm] > 41, 50, 64
genau exact, e [ehgsa, ehgsakt]
genießen jouir de [schuir dö], savourer [sawureh]
genug assez [aseh], suffisamment [süfisamang]
geöffnet ouvert, e [uwär, uwärt]
Gepäck les bagages m [leh bagasch] > 29 ff.
geradeaus tout droit [tu drua]
Gericht (Recht) le tribunal [lö tribünal] > 102
gern volontiers [wolongtjeh]
Geruch l'odeur f [lohdör]
Geschäft (Laden) le magasin [lö magasäng] > 56 ff.

> *www.marcopolo.de/franzoesisch*

WÖRTERBUCH

geschehen arriver [ariweh]
Geschenk le cadeau [lö kadoh]
Geschichte l'histoire f [listuar]
geschlossen fermé, e [färmeh]
Geschmack le goût [lö gu]
Geschwindigkeit la vitesse [la witäs]
Gesellschaft la société [la sosjehteh], la compagnie [la kongpanji]
Gespräch la conversation [la kongwärsasjong]
gesund en bonne santé [ang bon sangteh]
Gesundheit la santé [la sangteh]
Getränk la boisson [la buasong], la consommation [la kongsomasjong] > 38, 45, 52 f.
getrennt séparé, e [sehpareh]
Gewicht le poids [lö pua]
gewinnen gagner [ganjeh]
gewiss certain, e [särtäng, särtän]; adv certainement [särtänmang]
Gewitter l'orage m [lorasch]
gibt, es ~ il y a [il_ja]
Gift le poison [lö puasong]
Gipfel le sommet [lö somä]
Gitarre la guitare [la gitar]
Glas (Wasser~) le verre à eau [lö wär a oh]
Glaube la foi [la fua]
glauben croire [kruar]
gleich pareil, le [paräj]; (sofort) tout de suite [tud süit]
Glück la chance [la schangs]
glücklich heureux, -euse [öröh, öröhs]
Glückwunsch les félicitations f pl [leh fehlisitasjong] > 12
Gott Dieu [djöh]
Gottesdienst l'office m [lofis] > 80
Grab la tombe [la tongb]
Grad le degré [lö dögreh]
gratulieren féliciter [fehlisiteh]
grau gris [gri]
Grenze la frontière [la frongtjär] > 22 f.
groß grand, e [grang, grangd]; (bedeutend) important, e [ängportang, ängportangt]
Größe (Ausdehnung) l'étendue f [lehtangdü]; (geistige) la grandeur [la grangdör]; (Kleidung) la taille [la taj]; (Schuhe) la pointure [la puängtür]
Großmutter la grand-mère [la grangmär]
Großvater le grand-père [lö grangpär]
grün vert [wär]
Grund la raison [la räsong]; (Beweggrund) le motif [lö motif]
Gruppe le groupe [lö grup]
grüßen saluer [salüeh]

gültig valable [walabl] > 22
gut adj bon, bonne [bong, bon]; adv bien [bjäng]

H

Haar les cheveux [leh schwöh] > 61
haben avoir [awuar]
Hafen le port [lö por] > 33 f.
halb adj demi, e [dömi]; adv à demi [a dmi], à moitié [a muatjeh]
Hallo! Salut! [salü]
Halt! Stop! [stop]
halten tenir [tönir]; (dauern) durer [düreh]; (stehen bleiben) s'arrêter [saräteh]
Haltestelle l'arrêt m [larä], la station [la stasjong]
Handy le portable [lö portabl] > 105
hart dur/e [dür]
hässlich laid, e [lä, läd]
häufig adv fréquemment [frehkamang]
Haus la maison [la mäsong]
Hausbesitzer le propriétaire (de la maison) [lö proprijehtär (dö la mäsong)] > 74
hausgemacht (fait/e) maison [(fä/fät) mäsong]
Haushaltswaren la mercerie [la märsöri]
heilig saint, e [säng, sängt]
Heimat le pays natal [lö p natal]
heimlich adj secret, secrète [sökrä, sökrät]; adv en secret [ang sökrä]
Heimreise le retour [lö rötur]
heiraten se marier [sö marjeh]
heiß chaud, e [schoh, schohd]
heißen (sich nennen) s'appeler [sapöleh]; (bedeuten) signifier [sinjifjeh], vouloir dire [wuluar dir]
heiter gai, e [gä]
Heizung le chauffage [lö schohfasch] > 70, 72
helfen, jdm ~ aider qn [ädeh kälköng]
hell clair, e [klär]
Herein! Entrez. [angtreh]
hereinkommen entrer [angtreh]
Herkunft origine [orischin] > 14
Herr monsieur [mösjöh]
heute aujourd'hui [ohschurdüi]
hier ici [isi]
Hilfe l'aide f [läd]
Himmel le ciel [lö själ]
hinlegen poser [pohseh]; **s. hinlegen** s'étendre [sehtangdr]
hinsetzen, s. ~ s'asseoir [sasuar]
hinter derrière [därjär]
Hobby le hobby [lö obi], le passe-temps [lö pastang] > 14

hoch haut, e [oh, oht]
Hochzeit (Feier) le mariage [lö marjasch], la noce [la nos]
hoffen espérer [äspehreh]
höflich poli, e [poli]
Höhe l'altitude f [laltitüd]
Höhepunkt le sommet [lö somä]
Holz le bois [lö bua]
Honorar les honoraires m pl [lehs_onorär]
hören entendre [angtangdr]
Hotel l'hôtel m [lohtäl] > 6 ff., 68 ff.
hübsch joli, e [scholi]
Hügel la colline [la kolin]
Hund le chien [lö schjäng]
Hunger la faim [la fäng]
hungrig sein avoir faim [awuar fäng]
Hütte la cabane [la kaban]; (Alpen~) le chalet [lö schalä]

I

ich je [schö], moi [mua]
Idee l'idée f [lideh]
ihr Possessivpronomen f son [song], sa [sa]; pl leur [lör]
Imbiss le casse-croûte [lö kaskrut]
immer toujours [tuschur]
imstande sein être capable de [ätr kapabl dö]
in dans [dang], en [ang]
inbegriffen compris, e [kongpri, kongpris]
informieren informer [ängformeh]
Inhalt le contenu [lö kongtnü]
innen à l'intérieur [a längtehrjör]
Innenstadt le centre-ville [lö sangtrö wil]
innerhalb (zeitlich) en [ang]
Insekt l'insecte m [längsäkt]
Insel l'île f [lil]
interessieren, s. ~ (für) s'intéresser (à) [sängtehräseh (a)]
international international, e [ängtärnasjonal]
Internet Internet [ängtärnät]
Internetadresse adresse Internet [adräs ängtärnät] > 8
Irrtum l'erreur f [lärör]

J

Jahr l'année f [laneh], l'an m [lang]
Jahreszeit la saison [la säsong] > 18
jeder adj chaque [schak]; Pronomen chacun, e [schakäng, schakün]
jedesmal chaque fois [schak fua]
jemand quelqu'un [kälköng]

jetzt maintenant [mängtnang], à présent [a prehsang]
Jugendherberge l'auberge f de jeunesse [lohbärsch dö schönäs]
jung jeune [schön]
Junge le garçon [lö garsong]
Junggeselle le célibataire [lö sehlibatär]

K

Kabine la cabine [la kabin]
Kaffee le café [lö kafeh] > 46, 53, 64
kalt froid, e [frua, fruad]
Kanal le canal [lö kanal]
Kapelle (Gebäude) la chapelle [la schapäl] > 80; (Musikkapelle) l'orchestre m [lorkästr]
kaputt cassé, e [kaseh], en panne [ang pan]
Käse fromage [fromasch] > 43, 50, 64
Kasse la caisse [la käs]
Katze le chat [lö scha]
Kauf l'achat m [lascha]
kaufen acheter [aschteh]
kaum à peine [a pän]
Kaution la caution [la kohsjong]
kein aucun, e [ohkäng, ohkün]
keiner personne [pärson]
keinesfalls pas du tout [pa dü tu]
Kellner/in le garçon/la serveuse [lö garsong/la särwöhs]
kennen connaître [konätr]
kennen lernen faire la connaissance (de) [fär la konäsangs (dö)] > 10 ff.
Kind l'enfant m/f [langfang]
Kino le cinéma [lö sinehma] > 82 f.
Kirche (kath.) l'église f [lehglis], (ev.) le temple [lö tangpl] > 80
Kissen l'oreiller m [loräjeh]
Kleidung les vêtements m pl [leh wätmang] > 62 f.
klein petit, e [pöti, pötit]; (Alter) jeune [schön]
Kleingeld la monnaie [la monä]
Klima le climat [lö klima] > 19
Klingel la sonnette [la sonät]
klingeln sonner [soneh]
klug intelligent, e [ängtehlischang, ängtehlischangt]
Kneipe le bistrot [lö bistroh] > 82
knipsen (Photo) prendre une photo [prangdr_ün fohtoh]
kochen faire la cuisine [fär la küisin]; (Wasser) bouillir [bujir]
Koffer la valise [la walis]
Kohle le charbon [lö scharbong]

> *www.marcopolo.de/franzoesisch*

WÖRTERBUCH

kommen venir [wönir]
Kompass la boussole [la busohl]
Komplimente compliments [kongplimang] ▸ 13
Kondom le préservatif [lö prehsärwatif]
Konfession la religion [la rölischjong], la confession [la kongfäsjong]
können pouvoir [puwuar]; (gelernt haben) savoir [sawuar]
Konsulat le consulat [lö kongsüla]
Kontakt le contact [lö kongtakt]
kontrollieren contrôler [kongtrohleh]
Konzert le concert [lö kongsär] ▸ 82 f.
Körper le corps [lö kor] ▸ 92 ff.
kosten coûter [kuteh]
krank malade [malad] ▸ 92 ff.
Krankenhaus l'hôpital m [lopital] ▸ 93 ff.
Krankenwagen l'ambulance f [langbülangs]
Krankheit la maladie [la maladi] ▸ 92 ff.
Kreditkarte la carte de crédit [la kart dö krehdi] ▸ 54, 71, 98
Krieg la guerre [la gär]
kritisieren critiquer [kritikeh]
Küche la cuisine [la küisin]
kühl frais, fraîche [frä, fräsch]
Kultur la culture [la kültür]; la civilisation [la siwilisasjong] ▸ 78 ff.
Kummer le chagrin [lö schagräng]
kümmern, s. ~ um s'occuper de [soküpeh dö], se soucier de [sö susjeh dö]
Kurs le cours [lö kur] ▸ 89; (Wechselkurs) le taux de change [lö tohd schangsch]
Kurve le virage [lö wirasch]
kurz (räumlich) court, e [kur, kurt]; (kurzgefasst) bref, brève [bräf, bräw]
kürzlich l'autre jour [lohtrö schur]
Kuss le baiser [lö bäseh]
küssen embrasser [angbraseh]
Küste la côte [la koht]

L

lachen rire [rir]
Laden le magasin [lö magasäng]
Lage la situation [la sitüasjong]
Land le pays [lö p]; (Gegensatz zu Wasser) la terre [la tär]
Landkarte la carte (géographique) [la kart (schografik)] ▸ 67
Landschaft le paysage [lö pisasch] ▸ 81
lang long, longue [long, long]
Länge la longueur [la longör]
langsam adj lent, e [lang, langt]; adv lentement [langtmang]]

langweilig ennuyeux, -euse [angnüijöh, angnüijöhs]
Lärm le bruit [lö brüi]
lassen (zulassen) laisser [läseh]
lästig fâcheux, -euse [faschöh, faschöhs]
Lastwagen le camion [lö kamjong]
laufen courir [kurir]
laut bruyant, e [brüijang, brüijangt]
Lautsprecher le haut-parleur [lö ohparlör]
Leben la vie [la wi]
leben vivre [wiwr]
Lebensmittel les denrées f pl alimentaires [leh dangreh alimangtär] ▸ 41 ff., 64 f.
ledig célibataire [sehlibatär] ▸ 22
leer vide [wid]
legen mettre [mätr]
leicht facile [fasil]; (Gewicht) léger, -ère [lehscheh, lehschär]
leider malheureusement [malöröhsmang]
leihen louer [lueh] ▸ 77, 85
leise doucement [dusmang]
Leiter/in le directeur [lö diräktör], la directrice [la diräktris]
lesen lire [lir]
letzte(r, -s) dernier, -ière [därnjeh, därnjär]
Leute les gens m pl [leh schang]
Licht la lumière [la lümjär]
lieb cher, chère [schär]
lieben aimer [ämeh]
liebenswürdig aimable [ämabl]
lieber plutôt [plütoh]
Lied la chanson [la schangsong]
liegen se trouver [sö truweh]
links à gauche [a gohsch]
Loch le trou [lö tru]
Löffel la cuillère [la küijär]
Lohn la paie [la päj], le salaire [lö salär]
Lokal (Gaststätte) le café [lö kafeh]
löschen éteindre [ehtängdr]
Luft l'air m [lär]
Lüge le mensonge [lö mangsongsch]
lustig gai, e [gä]; (erheiternd) divertissant, e [diwärtisang, diwärtisangt]

M

machen (herstellen) faire [fär]
Mädchen la jeune fille [la schön fij]
Mahlzeit le repas [lö röpa]
Mal la fois [la fua]
man on [ong]
manchmal quelquefois [kälköfua]

Mangel (Fehlen) le manque [lö mank]; (Fehler) le défaut [lö dehfoh]
Mann l'homme [lom]; (Ehemann) le mari [lö mari]
männlich masculin, e [maskülang, maskülin]
Markt le marché [lö marscheh] ➤ 56, 81
Maschine la machine [la maschin]
Maße les mesures [leh mösür]
Medikament le médicament [lö mehdikamang] ➤ 57, 60, 92 ff
Meer la mer [la mär]
mehr plus [plüs]
mein mon [mong], ma [ma]
meinen penser [pangseh]
Meinung l'opinion f [lopinjong]
Mensch l'homme m [lom]
merken remarquer [römarkeh]
Messe (Kirche) la messe [la mäs]; (Ausstellung) la foire [la fuar]
Messer le couteau [lö kutoh]
mich me [mö], moi [mua]
Miete le loyer [lö luajeh] ➤ 7 f., 29, 74
Mietwagen voiture de location [wuatür dö lokasjong] ➤ 6 f., 29
mieten louer [lueh]
mindestens au moins [oh muäng]
minus moins [muäng]
Minute la minute [la minüt]
mir me [mö], à moi [a mua]
misstrauen se méfier de [sö mehfjeh dö]
missverstehen mal comprendre [mal kongprangdr]
mit avec [awäk]
mitbringen apporter [aporteh]
mitnehmen (Sachen) emporter [angporteh]; (Menschen) emmener [angmneh]
Mittag midi m [midi]
Mittagessen le déjeuner [lö dehschöneh] ➤ 36 ff.
Mitte le milieu [lö miljöh]
mitteilen faire part de [fär par dö]
Mittel le moyen [lö muajäng]; (Heilmittel) le remède [lö römäd] ➤ 57, 60
Möbel le meuble [lö möbl]
Mode la mode [la mod] ➤ 62 f.
modern à la mode [a la mod]; (neuzeitlich) moderne [modärn]
mögen (gern haben) aimer [ämeh]; (wünschen) vouloir [wuluar]
möglich possible [posibl]
Moment le moment [lö momang], l'instant m [lästang]
Monat le mois [lö mua] ➤ 18
Mond la lune [la lün]
Morgen le matin [lö matäng]
morgens le matin [lö matäng]
Motor le moteur [lö motör] ➤ 24, 26 f.
Motorrad la moto [la motoh] ➤ 23 ff.
Mücke le moustique [lö mustik]
müde fatigué, e [fatigeh]
Mühe la peine [la pän]
Müll les ordures f pl [lehs_ordür]
Münze la monnaie [la monä] ➤ 98
Museum le musée [lö müseh] ➤ 79 f.
Musik la musique [la müsik]
müssen être obligé, e de [ätr_oblischeh dö], devoir [döwuar]
Mutter la mère [la mär]

N

nach à, vers, en direction de [a, wär, ang diräksjong dö]
Nachbar/in le voisin [lö wuasäng], la voisine [la wuasin]
nachher après [apra]
nachmittags dans l'après-midi [dang laprämidi]
Nachricht la nouvelle [la nuwäl]
nächste(r, -s) le suivant [lö süiwang], la suivante [la süiwangt]
Nacht la nuit [la nüi]
Nachtclub la boîte de nuit [la buat dö nüi]
nackt nu, e [nü]
nahe proche [prosch]; **nahe bei** près de [prä dö]
Nahverkehr les transports en commun [leh trangspor ang komöng] ➤ 34 f.
Name le nom [lö nong] ➤ 11
nass mouillé, e [mujeh]; (durchnässt) trempé, e [trangpeh]
Nation la nation [la nasjong]
Natur la nature [la natür]
natürlich adj naturel, le [natüräl]; adv naturellement [natürälmang]
neben à côté de [a kohteh dö]
Neffe le neveu [lö növöh]
nehmen prendre [prangdr]
nennen appeler [apöleh]
nervös nerveux, -euse [närwöh, närwöhs]
nett joli, e [scholi]; (freundlich) gentil, le [schangti]
neu nouveau, nouvel, le [nuwoh, nuwäl]; (ungebraucht) neuf, neuve [nöf, növ]
neugierig curieux, -euse [kürjöh, kürjöhs]
Neuigkeit la nouvelle [la nuwäl]
nicht (ne ...) pas [(nö) pa]
Nichte la nièce [la njäs]

➤ *www.marcopolo.de/franzoesisch*

WÖRTERBUCH

nichts (ne ...) rien [(nö) rjäng]
nie (ne ...) jamais [(nö) schamä]
nieder, niedrig bas, basse [ba, bas]
niemand (ne ...) personne [(nö) pärson]
nirgends nulle part [nül par]
noch encore [ankor]
Norden le Nord [lö nor]
Nordsee, die la mer du Nord [la mär dü nor]
normal normal, e [normal]
Notausgang la sortie de secours [la sortid sökur] > 30
Notbremse le signal d'alarme [lö sinjal dalarm] > 32
nötig nécessaire [nehsäsär]
Notrufsäule le téléphone de secours [lö tehlehfon dö skur] > 27
Nummer le numéro [lö nümehroh]
nur seulement [sölmang]

O

ob si [si]
oben en haut [ang oh]
Ober (Anrede) Garçon!/Monsieur! [garsong/mösjöh]
Obst les fruits m [leh früi] > 42, 51, 65
oder ou [u]
Ofen le poêle [lö pual]
offen ouvert, e [uwär, uwärt]
öffentlich public, -ique [püblik]
öffnen ouvrir [uwrir]
Öffnungszeiten les horaires m pl d'ouverture [lehs_orär duwärtür] > 55
oft souvent [suwang]
ohne sans [sang]
ohnmächtig évanoui, e [ehwanui], sans connaissance [sang konäsangs]
Öl l'huile f [lüil]
Onkel l'oncle m [lonkl]
Optiker l'opticien m [loptisjäng] > 65
Ort le lieu [lö ljöh]
Ortschaft la localité [la lokalitéh]
Osten l'Est m [läst]
Österreich l'Autriche f [lohtrisch]
Österreicher/in l'Autrichien [lohtrischjäng], l'Autrichienne [lohtrischjän]
Ozean l'océan m [losang]

P

Paar, ein ~ une paire [ün pär]; (Ehepaar) le couple [lö kupl]
Päckchen le petit paquet [lö pti pakä]
packen faire sa valise [fär sa walis]
Paket le paquet [lö pakä] > 103
Panne la panne [la pan] > 24, 27
Papiere les papiers m [leh papjeh] > 27, 102
Park le parc [lö park], le jardin public [lö schardäng püblik]
parken se garer [sö gareh] > 24
Pass le passeport [lö paspor]; (Gebirge) le col [lö kol]
Passagier le passager/la passagère [lö pasascheh/la pasaschär]
passieren arriver [ariweh], se passer [sö paseh]
Passkontrolle Contrôle des passeports [kongtrohl deh paspor] > 22
Pension la pension de famille [la pangsjongd famij] > 8 f., 68 ff.
Person la personne [la pärson]
Personal le personnel [lö pärsonäl]
Personalausweis la pièce d'identité [la pjäs didangtiteh]
Personalien le signalement [lö sinjalmang]
Pfand le gage [lö gasch]; (Flaschenpfand) la consigne [lö kongsinj]
Pflanze la plante [la plangt]
Pflicht le devoir [lö döwuar]
Platz la place [la plas] > 80
plötzlich soudain [sudäng], tout à coup [tut_a ku]
plus plus [plüs]
Politik la politique [la politik]
Polizei la police [la polis] > 101 f.
Portier le portier [lö portjeh], le/la concierge [lö/la kongsjärsch] > 69 f.
Postamt le bureau de poste [lö bürohd post] > 103
Preis le prix [lö pri]
Priester le prêtre [lö prätr]
pro par [par]
Programm le programme [lö prohgram] > 78 ff.
Promille le taux d'alcoolémie [lö toh dalkolehmi]
Prozent pour cent [pursang]
prüfen examiner [ägsamineh]
pünktlich à l'heure [a lör]
putzen nettoyer [nehtuajeh], faire le ménage [fär lö mehnasch]

Q

Qualität la qualité [la kaliteh]
Quelle la source [la surs]
quittieren faire un reçu [fär äng rösü]

R

Rabatt la remise [la römis]
Rad fahren faire du vélo [fär dü wehloh] > 23 ff., 87
Radio la radio [la radjoh]
Radioapparat le poste de radio [lö post dö radjoh]
Rampe la rampe [la rangp]
Rand le bord [lö bohr]
rasch adj rapide [rapid]; adv rapidement [rapidmang], vite [wit]
Rasen la pelouse [la pölus]
Raststätte l'aire f de repos [lär dö röpoh], l'aire f de service [lär dö särwis]
raten conseiller [kongsehjeh]; (erraten) deviner [döwineh]
Rathaus la mairie [la märi]; (Großstadt) l'hôtel m de ville [lohtäl dö wil] > 80
rauchen fumer [fümeh]
Raucher le fumeur [lö fümör]
Raum l'espace f [läspas]; (Zimmer) la pièce [la pjäs]
rechnen calculer [kalküleh]
Rechnung la facture [la faktür]; (im Restaurant, Café) l'addition f [ladisjong] > 38; (im Hotel) la note [la not] > 71
Recht le droit [lö drua]
Recht haben avoir raison [awuar räsong]
rechts à droite [a druat]
rechtzeitig adv à temps [a tang], à l'heure [a lör]
reden parler [parleh]
regeln régler [rehgleh]
Regierung le gouvernement [lö guwärnömang]
regnen pleuvoir [plöhwuar]
reich riche [risch]
reinigen nettoyer [nätuajeh]
Reise le voyage [lö wuajasch]
Reisebüro l'agence f de voyages [laschangs dö wuajasch]
Reiseführer le guide touristique [lö gid turistik]
reisen voyager [wuajascheh]
Reisepass le passeport [lö paspor] > 22, 102
Reiseroute l'itinéraire m [litinehrär]
Reisescheck le chèque de voyage [lö schäk dö wuajasch] > 97 f.
reklamieren faire une réclamation [fär ün rehklamasjong] > 38, 70 f.
Reparatur la réparation [la rehparasjong]
Reservierung la réservation [la rehsärwasjong]
Rest le reste [lö räst]
Restaurant le restaurant [lö rästohrang], la brasserie [la brasri] > 36 ff.
retten sauver [sohweh]
Rettungsboot le canot de sauvetage [lö kanohd sohwtasch] > 33
Rezeption la réception [la rehsäpsjong] > 69 f.
richtig juste [schüst]; (geeignet) bon, bonne [bong, bon]
Richtung la direction [la diräksjong]
riechen sentir [sangtir]
Risiko le risque [lö risk]
Rollstuhl le fauteuil roulant [lö fohtöj rulang]
rot rouge [rusch]
Route l'itinéraire m [litinehrär]
Rückkehr le retour [lö rötur]
rufen appeler [apöleh]
Ruhe le repos [lö röpoh]; (seelisch) la tranquillité [la trankiliteh]; (Stille) le calme [lö kalm]
ruhig calme [kalm]
rund rond, e [rong, rongd]

S

Saal la salle [la sal]
Sache la chose [la schohs]; (Angelegenheit) l'affaire f [lafär]
sagen dire [dir]
Saison la saison [la säsong]
sammeln collectionner [koläksjoneh]; (aufsammeln) recueillir [rököjir]
satt qui n'a plus faim [ki na plü fäng]
Satz la phrase [la fras]
sauber propre [propr]
schade, es ist ~ c'est dommage [sä domasch]
schaden nuire [nüir]
Schadenersatz le dédommagement [lö dehdomaschmang]
schädlich nuisible [nüisibl]
Schalter (Bank, Post …) le guichet [lö gischä]; (Licht~ …) l'interrupteur m [längtärüptör]
schauen regarder [rögardeh]
Scheck le chèque [lö schäk] > 97 f.
schenken offrir [ofrir]
Scherz la plaisanterie [la pläsangtri]
schicken envoyer [angwuajeh]
Schiff le bateau [lö batoh] > 33 f.
Schild (Hinweis~) l'écriteau m [lehkritoh], le panneau [lö panoh]; (Nummern~) la plaque [la plak]
schimpfen protester [protästeh]
Schirm le parapluie [lö paraplüi]
schlafen dormir [dormir]
schlank mince [mängs]

> *www.marcopolo.de/franzoesisch*

WÖRTERBUCH

schlecht adj mauvais, e [mohwä, mohwäs]; adv mal [mal]
schließen fermer [färmeh]
Schloss le château [lö schatoh] > 81; (Tür) la serrure [la särür]
Schlüssel la clé [la kleh] > 70, 72, 74
Schmerzen les douleurs f [leh dulör]
Schmuck les bijoux m [leh bischu] > 65 f.
schmuggeln faire de la contrebande [fär dö la kongtröbangd]
Schmutz la saleté [la salteh]; (Schlamm) la boue [la bu]
schmutzig sale [sal]
schneiden couper [kupeh]
schneien neiger [näscheh]
schnell adj rapide [rapid]; adv vite [wit]
Schnellimbiss le fastfood [lö fastfud], le snack [lö snak]
schon déjà [dehscha]
schön beau, bel, le [boh, bäl]
schrecklich affreux, -euse [afröh, afröhs]
schreiben écrire [ehkrir]
Schreibwaren la papeterie [la papätri] > 67
schreien crier [krijeh]
Schrift (Hand~) l'écriture f [lehkritür]
schriftlich par écrit [par ehkri]
schüchtern timide [timid]
Schuh la chaussure [la schohsür] > 66
Schuld la faute [la foht]; (Geld) la dette [la dät]
schulden devoir [döwuar]
Schuss le coup (de feu) [lö ku (dföh)]
Schutz la protection [la protäksjong]
schwach faible [fäbl]
Schwager le beau-frère [lö bohfrär]
Schwägerin la belle-sœur [la bälsör]
schwanger enceinte [angsängt]
schwarz noir [nuar]
Schweigen le silence [lö silangs]
Schweiz la Suisse [la süis]
Schweizer/in le Suisse [lö süis], la Suissesse [la süisäs]
schwer lourd, e [lur, lurd]; (Krankheit) grave [graw]; (schwierig) difficile [difisil]
Schwester la sœur [la sör]; (Krankenschwester) l'infirmière f [längfirmjär]
schwierig difficile [difisil]
Schwimmbad la piscine [la pisin]
schwimmen nager [nascheh] > 84 ff.
schwindlig pris, e de vertige [pri, pris dö wärtisch]
schwitzen transpirer [trangspireh]

See (Meer) la mer [la mär]; **der See** le lac [lö lak]
sehen voir [wuar]
Sehenswürdigkeiten les curiosités f [leh kürjohsiteh] > 78 ff.
sehr très [trä]
sein (Verb) être [ätr]; (Possessivpronomen) son [song], sa [sa]
seit depuis [döpüi]
Seite le côté [lö koteh]; (Buchseite) la page [la pasch]
Sekunde la seconde [la sögongd]
Selbstbedienungsladen le libre-service [lö librösärwis]
selten adj rare [rar]; adv rarement [rarmang]
senden envoyer [angwuajeh]
Sendung (Radio, Fernsehen) l'émission f [lehmisjong]
servieren servir [särwir]
setzen mettre [mätr]; **s. setzen** s'asseoir [sasuar]
Sex le sexe [lö säks]
sicher adj sûr, e [sür]; adv sûrement [sürmang]
Sicherheit la sécurité [la sehküriteh]; (Garantie) la garantie [la garangti]
Sicherung le fusible [lö füsibl]
Sicht la vue [la wü]
sichtbar visible [wisibl]
sie f elle [äl]; pl ils [il], elles [äl]
Sie vous [wu]
singen chanter [schangteh]
sitzen être assis, e [ätr asi, asis]
Smalltalk contacts [kongtakt] > 14 f.
so comme ça [kom sa]
sofort tout de suite [tud süit]
sogar même [mäm]
Sohn le fils [lö fis]
sollen devoir [döwuar]
Sonne le soleil [lö soläj]
Sonnenbrille les lunettes f pl de soleil [leh lünät dö soläj]
sonnig ensoleillé, e [angsoläjeh]
sorgen für s'occuper de [soküpeh dö]; **s. sorgen um** se faire du souci pour [sö fär dü susi pur]
Sorte la sorte [la sort]; (Zigaretten) la marque [la mark]
Souvenir souvenir [suwnir] > 66 f.
Spaß (Scherz) la plaisanterie [la pläsangtri]; (Vergnügen) l'amusement m [lamüsmang]
spät tard [tar]
später plus tard [plü tar]
spazieren gehen se promener [sö promneh]

Speisekarte la carte [la kart] > 38, 46 ff.
spielen jouer [schueh]
Spielzeug le jouet [lö schuä]
Sport le sport [lö spor] > 84 ff.
Sprache la langue [la lang]
sprechen parler [parleh]
Staat l'Etat m [lehta]
Staatsangehörigkeit la nationalité [la nasjonaliteh]
Stadt la ville [la wil]
Stadtplan le plan (de la ville) [lö plang (dö la wil)] > 67, 78
Stadtrundfahrt le tour de ville [lö tur dö wil] > 78
stammen (aus) être originaire (de) [ätr orischinär (dö)]
statt au lieu de [oh ljöh dö]
stattfinden avoir lieu [awuar ljöh]
stechen piquer [pikeh]
stehen être debout [ätr döbu]
stehen bleiben s'arrêter [saräteh]
stehlen voler [woleh]
steigen monter [mongteh]
steil raide [räd]
Stein la pierre [la pjär]
Stelle (Ort) l'endroit m [langdrua]; (Arbeit) l'emploi m [langplua]
stellen mettre [mätr]
Stellung la position [la posisjong]; (Anstellung) l'emploi m [langplua]
sterben mourir [murir]
Stern l'étoile f [lehtual]
Stil le style [lö stil]
still calme [kalm]
Stimme la voix [la wua]
Stockwerk l'étage m [lehtasch]
Stoff l'étoffe f [lehtof]
stören déranger [dehrangscheh]
stornieren annuler [anüleh] > 29 f.
Störung le dérangement [lö dehrangschmang]; (Unterbrechung) l'interruption f [längtärüpsjong]
stoßen pousser [puseh]
Strafe la peine [la pän]; (Geldstrafe) l'amende f [lamangd]
Strand la plage [la plasch] > 84 ff.
Straße la rue [la rü]; (Landstraße) la route [larut]
Straßenkarte la carte routière [la kart rutjär] > 28, 67
Strauß (Blumen) le bouquet [lö bukä]

Strecke le trajet [lö traschä]; (Bahnstrecke) la ligne [la linj]
Strom (Fluss) le fleuve [lö flöw]; (elektr. ~) le courant [lö kurang]
Stück la pièce [la pjäs]
studieren faire des études [fär dehs_ehtüd]
Stuhl la chaise [la schäs]
Stunde l'heure f [lör]
suchen chercher [schärscheh]
Süden le Sud [lö süd]
Summe la somme [la som], le montant [lö mongtang]
Supermarkt le supermarché [lö süpärmarscheh]

T

Tabak le tabac [lö taba]
Tag le jour [lö schur]
Tankstelle la station-service [la stasjongsärwis] > 23, 28
Tante la tante [la tangt]
tanzen danser [dangseh] > 82
Tätigkeit l'activité f [laktiwiteh]
tauschen échanger [ehschangscheh]
täuschen s. ~ se tromper [sö trongpeh]
Taxi le taxi [lö taksi]
Teil la partie [la parti]
teilnehmen (an) prendre part (à) [prangdr par(a)]
Telefon le téléphone [lö tehlehfon] > 104 f.
telefonieren téléphoner [tehlehfoneh] > 104 f.
Temperatur la température [la tangpehratür] > 19
Termin la date limite [la dat limit], les délais m pl [leh dehlä]
teuer cher, chère [schär]
Theater le théâtre [lö tatr] > 82 f.
tief profond, e [profong, profongd]; (niedrig) bas, basse [ba, bas]
Tier l'animal m [lanimal]
Tisch la table [la tabl]
Tochter la fille [la fij]
Tod la mort [la mor]
Toilette les W.-C. m pl [leh wehseh] > 32, 37, 71 f., 105
Toilettenpapier le papier hygiénique [lö papjeh ischjehnik]
Ton le ton [lö tong]; (Betonung) l'intonation f [längtonasjong]; (Farbe) la teinte [la tängt]
Tonwaren la poterie [la potri]
Topf (Koch~) la casserole [la kasrol]
Töpferei la poterie [la potri]
tot mort, e [mor, mort]

> *www.marcopolo.de/franzoesisch*

WÖRTERBUCH

tragen porter [porteh]; (ertragen) supporter [süporteh]
träumen rêver [räweh]
traurig triste [trist]
treffen rencontrer [rankongtreh]
Treppe l'escalier m [läskaljeh]
treu fidèle [fidäl]
trinken boire [buar] > 38, 45, 52 f.
Trinkgeld le pourboire [lö purbuar] > 35, 40
Trinkwasser l'eau f potable [loh potabl]
trotz malgré [malgreh]
trotzdem malgré cela [malgreh söla], cependant [söpangdang]
tschüss Salut! [salü]
tun faire [fär]
Tunnel le tunnel [lö tünäl]
Tür la porte [la port]; (Haustür) la porte d'entrée [la port dangtreh]
typisch (für) typique (de) [tipik (dö)], caractéristique (de) [karaktehristik (dö)]

U

U-Bahn le métro [lö mehtro] > 34 f.
Übelkeit la nausée [la nohseh] > 96
über au-dessus (de) [ohdsü (dö)]
überall partout [partu]
überfallen agresser [agräseh]
überholen dépasser [dehpaseh]
übernachten coucher [kuscheh], passer la nuit [paseh la nüi] > 6, 8 f., 68 ff.
überqueren traverser [trawärseh]
überrascht surpris, e [sürpri, sürpris]
Übersee outre-mer m [utromär]
übersetzen traduire [tradüir]
überweisen (Geld) virer [wireh]
Ufer (Fluss) la rive [la riw]; (Meer) le bord [lö bor], le rivage [lö riwasch]
Uhr (Armbanduhr) la montre [mongtr]
Uhrzeit l'heure f [lör] > 16 f.
um (herum) autour de [ohtur dö]; (Zeitangabe) à [a]; (gegen) vers [wär]
umarmen embrasser [angbraseh]
umbuchen modifier [modifjeh] > 31
Umleitung la déviation [la dehwjasjong]
umsonst (gratis) gratuitement [gratüitmang]; (vergeblich) inutilement [inütilmang]
umsteigen changer [schangscheh]
umtauschen échanger [ehschangscheh] > 97 f., 100
Umwelt l'environnement m [langwironmang]
umziehen déménager [dehmehnascheh]; **s. ~** se changer [sö schangscheh]

unbedingt adv absolument [apsolümang]
unbekannt inconnu, e [änkonü]
und et [ä]; **und so weiter** etc. [ätsehtehra]
Unfall l'accident m [laksidang] > 24 f.
unfreundlich peu aimable [pöh ämabl]
ungefähr environ [angwirong]
ungern sans plaisir [sang pläsir]
ungesund malsain, e [malsäng, malsän]
ungewiss incertain, e [ängsärtäng, ängsärtän]
Unglück le malheur [lö malör]
unglücklich malheureux, -euse [malöröh, malöröhs]
ungültig périmé, e [pehrimeh]
unhöflich impoli, e [ängpoli]
Unkosten les frais m pl [leh frä]
unmöglich impossible [ängposibl]
unruhig inquiet, -iète [änkjä, änkjät]
uns nous [nu], à nous [a nu]
unschuldig innocent, e [inosang, inosangt]
unser, e notre [notr], nos [noh]
unter sous [su]; (zwischen) entre [angtr]
unterbrechen interrompre [ängtärongpr]
Unterführung le passage souterrain [lö pasasch sutäräng]
Unterhaltung (Gespräch) la conversation [lakongwärsasjong]; (Vergnügen) la distraction [ladistraksjong] > 82 ff.
Unterkunft l'hébergement m [lehbärschömang]
Unterschied la différence [la difehrangs]
Unterschrift la signature [la sinjatür]
Untersuchung l'examen m [lägsamäng]; l'analyse f [lanalis]
unterwegs en cours de route [ang kur dö rut]
unverschämt éhonté, e [ongteh]
unwohl mal à l'aise [mal_a läs]
Urlaub le congé [lö kongscheh]; (Ferien) les vacances f pl [leh wakangs]
Ursache la cause [la kohs]
urteilen juger [schüscheh]

V

Vater le père [lö pär]
Verabredung le rendez-vous [lö rangdehwu] > 15 f.
verabschieden, s. ~ prendre congé [prangdrö kongscheh] > 12
verändern changer [schangscheh]
Veranstaltung la manifestation [la manifästasjong]; (Aufführung) le spectacle [lö späktakl]
Veranstaltungskalender le programme des spectacles [lö program deh späktaklö] > 82 f.
verbieten interdire [ängtärdir]

Verband (med) le pansement [lö pangsmang]
Verbindung la relation [la rölasjong]; (Telefon) la communication [la komünikasjong]
verboten! interdit, e [ängtärdi, ängtärdit]
verdienen gagner [ganjeh]; (wert sein) mériter [mehriteh]
verdorben abîmé, e [abimeh], (faul) pourri, e [puri]; (sittlich) corrompu, e [korongpü]
vereinbaren convenir de [kongwönir dö]
Verfassung la constitution [la kongstitüsjong]; (Zustand) la forme [la form], l'état m [lehta]
Vergangenheit le passé [lö paseh]
vergessen oublier [ubljeh]
Vergewaltigung le viol [lö wjol] ➤ 102
Vergiftung l'empoisonnement m [langpuasonmang]
Vergnügen le plaisir [lö pläsir]
verheiratet (mit) marié, e (à) [marjeh (a)]
Verhütungsmittel le contraceptif [lö kongtrasäptif]
verirren, s. ~ s'égarer [sehgareh]
Verkauf la vente [la wangt]
Verkehr la circulation [la sirkülasjong]
Verkehrsamt l'office m de tourisme [lofis dö turism], le syndicat d'initiative [lö sängdika dinisjatiw]
verlängern allonger [alongscheh]
verlieren perdre [pärdr] ➤ 99
verloben, s. ~ mit se fiancer avec [sö fjangseh awäk]
Verlobte, der, die le fiancé [lö fjangseh], la fiancée [la fjangseh]
Verlust la perte [la pärt]
vermieten louer [lueh] ➤ 29, 74
versäumen (verpassen) manquer [mankeh]
verschieben (zeitlich) remettre à plus tard [römätr_a plü tar], repousser [röpuseh]
verschieden différent, e [difehrang, difehrangt]
verschreiben prescrire [präskrir] ➤ 92, 97
Versehen, aus ~ par inadvertance [par_inadwärtangs]
Versicherung l'assurance f [lasürangs]
verspäten, s. ~ être en retard [ätr_ang rötar]
Versprechen la promesse [la promäs]
verständigen, jdn ~ prévenir qn [prehwönir kälkäng]
verstehen comprendre [kongprangdr]
versuchen essayer [ehsäjeh]; (Speisen) goûter [guteh]
Vertrag le contrat [lö kongtra]
verunglücken avoir un accident [awuar ängn_aksidang]

verwandt parent, e [parang, parangt]
verwechseln confondre [kongfongdr]
Verzeichnis la liste [la list]
verzeihen pardonner [pardoneh]
verzollen dédouaner [dehduaneh]
viel beaucoup de [bohku dö]
vielleicht peut-être [pöht_ätr]
Visum le visa [lö wisa] ➤ 22
Volk le peuple [lö pöpl]
voll plein, e [pläng, plän]; (vollbesetzt) complet, -ète [kongplä, kongplät]; (ganz) entier, -ière [angtjeh, angtjär]
Vollpension la pension complète [la pangsjong kongplät] ➤ 70, 72
von (Herkunft) de [dö]
vor (räumlich) devant [döwang]; (zeitlich) avant [awang]
Voranmeldung la réservation [la rehsärwasjong]
voraus, im ~ par avance [par_awangs]
vorher avant [awang]
vormittags dans la matinée [dang la matineh]
Vorname le prénom [lö prehnong] ➤ 23
Vorort la banlieue [la bangljöh]
Vorsaison l'avant-saison f [lawangsäsong]
Vorschrift la prescription [la präskripsjong], l'instruction f [längstrüksjong]
Vorsicht la précaution [la prehkohsjong]; **Vorsicht!** attention! [atangsjong]
Vorstellung la présentation [la prehsangtasjong]; (Begriff) l'idée f [lideh]; (Theater) la représentation [la röprehsangtasjong] ➤ 82 f.
Vorverkauf la location [la lokasjong], la réservation [la rehsärwasjong] ➤ 83
Vorwahlnummer l'indicatif m [längdikatif] ➤ 104
vorziehen préférer [prehfehreh]

■ W

wach réveillé, e [rehwäjeh]
wählen choisir [schuasir]; (Politik) voter [woteh]; (Telefon) composer (un numéro) [kongpohseh (äng nümehroh)]
wahr vrai, e [wrä]
während (Präposition) pendant [pangdang]; (Konjunktion) pendant que [pangdang kö]
wahrscheinlich probable [probablö]; adv probablement [probablömang]
Währung la monnaie [la monä] ➤ 98
Wald la forêt [la forä]
Wanderkarte la carte de randonnée [la kart dö rangdoneh] ➤ 67
Wandern la randonnée pédestre [la rangdoneh pehdästr] ➤ 87 f.

> www.marcopolo.de/franzoesisch

WÖRTERBUCH

warm chaud, e [schoh, schohd]
warnen (vor) mettre en garde (contre) [mätr_ang gard (kongtr)]
warten attendre [atangdr]
Wartesaal la salle d'attente [la sal datangt]
Wartezimmer le salon d'attente [lö salong datangt]
was que [kö], qu'est-ce que [käs_kö]
waschen laver [laweh]
Wasser l'eau f [loh]
wechseln (Geld) changer [schangscheh]
wecken réveiller [rehwehjeh]
Weg le chemin [lö schmäng]; (Pfad) le sentier [lö sangtjeh]; (Straße) la route [la rut]
weg parti, e [parti]
wegen à cause de [a kohs dö]
weggehen partir [partir]
Wegweiser le poteau indicateur [lö potoh ängdikatör]
weh tun faire mal [fär mal]
weiblich féminin, e [fehminäng, fehminin]
weich mou, molle [mu, mol]; (Ton, Farbe) doux, douce [du, dus]
weigern, s. ~ refuser de [röfüseh dö]
weil parce que [pars kö]
weinen pleurer [plöreh]
weiß blanc [blang]
weit (Gegenteil von eng) large [larsch]; (Weg) loin [luäng]; (entfernt) éloigné, e [ehluanjeh]
Welt le monde [lö mongd]
wenig peu [pöh]
weniger moins [muäng]
wenn (Bedingung) si [si]; (zeitlich) quand [kang]
werden devenir [döwnir]
Werkstatt l'atelier m [latöljeh] > 28
werktags les jours ouvrables [leh schurs_uwrabl]
Wert la valeur [la walör]
Westen l'Ouest m [luäst]
Wetter le temps [lö tang] > 19
wichtig important, e [ängportang, ängportangt]
wie (Frage) comment [komang]; (Vergleich) comme [kom], que [kö]
wieder de nouveau [dö nuwoh]; (noch einmal) encore une fois [ankor_ün fua]
wiederholen répéter [rehpehteh]
wiederkommen revenir [röwönir]
wiedersehen revoir [röwuar]
wiegen peser [pöseh]
willkommen bienvenu, e [bjängwönü]
wir nous [nu]
Wirt le patron [lö patrong]

Woche la semaine [la sömän] > 18
wohnen habiter [abiteh]
Wohnort, Wohnsitz le domicile [lö domisil] > 23
Wohnung l'appartement m [lapartömang]
wollen vouloir [wuluar]; (wünschen) désirer [dehsireh]
Wort le mot [lö moh]
wünschen désirer [dehsireh]
Wurst charcuterie [scharkütri]
wütend furieux, -euse [fürjöh, fürjöhs]

Z

Zahl le nombre [lö nongbr]
zahlen payer [päjeh]
Zahlung le paiement [lö pämang]
Zahnarzt le dentiste [lö dangtist] > 93
zeigen montrer [mongtreh]; (hinweisen) indiquer [ängdikeh]
Zeit le temps [lö tang] > 16 ff.
Zeitangaben indications de temps [ängdikasjong dö tang] > 16 ff.
Zeitschrift le magazine [lö magasin] > 67
Zeitung le journal [lö schurnal] > 67
Zentrum le centre [lö sangtr]
zerbrechlich fragile [fraschil]
zerstören détruire [dehtrüir]
Zeuge le témoin [lö tehmuäng]
ziehen tirer [tireh]
Ziel le but [lö bü(t)]; (Reiseziel) la destination [la dästinasjong]
Zigarette la cigarette [la sigarät]
Zimmer la chambre [la schangbr] > 6, 8 f., 68 ff.
Zoll la douane [la duan] > 22
zornig en colère [ang kolär]
zu (Richtung) à [a]; (geschlossen) fermé, e [färmeh]; (mit adj) trop [troh]
zu sehr, zu viel trop [troh]
zufrieden content, e [kongtang, kongtangt]
Zug le train [lö träng] > 31 ff.
zumachen fermer [färmeh]
zurück de retour [dö rötur]
zusammen ensemble [angsangbl]
zusätzlich supplémentaire [süplehmangtär], en plus [ang plüs]
zuschauen regarder [rögardeh]
Zuschlag le supplément [lö süplehmang] > 32
zuschließen fermer [färmeh]
zuständig compétent, e [kongpehtang, kongpehtangt], responsable [räspongsabl]
zu viel trop [troh]
zweifeln an douter de [duteh dö]
zwischen entre [angtr]

> BLOSS NICHT!

So vermeiden Sie Fettnäpfe

Insider Tipps

Der süße Kuss

Eine Bäckerei in Frankreich: Zeit für einen Zuckerschub. Sie bestellen ein *baiser* und erhalten – einen verdutzten Blick. Kein Wunder, immerhin haben Sie gerade einen Kuss verlangt. Das nämlich bedeutet *baiser* auf Französisch. Also, schnell korrigiert: *Une meringue* wird Ihren Hunger auf Süßes ganz sicher stillen.

Saloppe Stolperfalle

Wer im Deutschen das Wörtchen salopp verwendet, outet sich höchstens als Freund eines etwas altmodischen Sprachstils. In Frankreich dagegen droht eine Ohrfeige des weiblichen Gegenübers: Hier bedeutet *salope* nämlich nicht flott oder sportlich, sondern schlicht Schlampe.

Ein falscher Kavalier

Ein Kavalier, das weiß man sogar heute noch, ist einer, der die Tür aufhält, der den Mantel holt und auch sonst alles tut, um freundlich, nett und zuvorkommend zu sein. Ins Französische allerdings sollte man das Wort nicht direkt übersetzen, denn im Land der Chevaliers bedeutet *cavalier* nicht höflich, sondern das genaue Gegenteil: ungehörig.

Todlangweilige Partys

Es war eine rasante Partynacht in der Strandbar. Grund genug, dem DJ am nächsten Abend ein Kompliment zu machen – allerdings eines, das wohlüberlegt sein will. Denn eine *nuit très rasante* stürzt den Meister der Turntables hundertprozentig in eine schwere Depression. Immerhin hat er gerade erfahren, dass Sie die Nacht todlangweilig *(rasante)* fanden.

Eine Visage für alle

Eine Visage, die mag – zumindest im deutschen Sprachraum – keiner haben. In Frankreich dagegen ist die *visage* weder Beleidigung noch Schimpfwort. Das Wörtchen ist schlicht und einfach – die Bezeichnung für das Gesicht.

Infusion vom Kellner

Da hat sich der Kellner Ihrer Meinung nach wohl einen schlechten Scherz erlaubt, als er Ihnen eine *infusion* empfohlen hat. Auch wenn Sie ein wenig erkältet sind, an den Tropf müssen Sie noch lange nicht! Dabei wollte Ihnen der Mann vom Service doch nur etwas Gutes tun: Eine *infusion* ist nichts anderes als ein Kräutertee.

> S. 130

ACHTUNG: SLANG!

Insider Tipps

MEHR ALS NUR SPRACHE

Wenn das Wörterbuch schlapp macht und Sie nur noch Bahnhof verstehen, dann handelt es sich um einen klaren Fall von: Achtung Slang! Aber keine Panik, auf den nächsten Seiten sind Sie mittendrin in der Sprache der Insider, die auf den Straßen, in den Clubs und Bars, Shops und Lounges gesprochen wird. Wir haben sie für Sie aufgespürt: die authentischen, die wichtigsten und witzigsten Slangausdrücke. Dabei gibt es jedoch auch Formulierungen, die Sie besser meiden sollten, denn manchmal ist Schweigen wirklich Gold. Ansonsten viel Spaß beim Erweitern Ihres Wortschatzes!

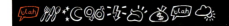

ALLTAG

■ BEGRÜSSUNG UND CO

Salut, ça boume/ça farte? [salü, sabum/safart]	Hallo, alles klar?
Salut tout le monde. [salü tulmond]	Hallo zusammen.
On se fait un plan? [ongsöfä ängplan]	Was unternehmen wir?
Quoi de neuf? [kua dönöf]	Was läuft/Was geht?
À plus. [a plü]	Bis bald.
Atchao/On se voit/Bye! [atschao/onsövua/baj]	Tschüß.

■ ANTWORTEN

ouais/d'ac'/ça marche [uäh/dak/samarsch] — ja
de rien/pas de blème! [döriäng/padbläm] — gerne
merci/sympa/ça roule [märsi/sämpa/sarul] — danke
aucune idée [okün ideh] — keine Ahnung.
M'est égal [mehtehgal] — Mir egal.
Je m'en fiche. [scheman fisch] — Ist mir egal.
J'en ai rien à secouer/rien à branler. [schaneh riäng askueh/riäng abrangleh] — Das ist mir völlig egal.
Rien à faire/à foutre [riäng afär/afutr] — Das ist mir total schnuppe.
Ça me fait chier/gerber [samfä schieh/scherbeh] — Ich hab keine Lust/keinen Bock.
Et ta soeur? [ehtasör] — Sonst noch was? (ironisch, wörtl.: und deine Schwester?)
Tu peux toujours courir! [tüpö tuschur kurir] — Auf keinen Fall! (wörtl.: Da kannst du noch lange rennen)

■ ...UND AUFFORDERUNGEN

Attends!/30 secondes. [atang/trant segond] — Warte mal!
Bouge ton cul/tes fesses! [busch tonkü/tehfäs] — Beweg deinen Hintern!
On se calme!/On va pas en faire un fromage [onse kalm/on wapa angfär äng fromasch] — Ruhig Blut! (wörtl.: Kein Grund, Käse daraus zu machen)

■ UNTER FREUNDEN...

payer une visite/visiter [päjeh ün wisit/wisiteh] — vorbeischauen
glander/se la couler douce [glandeh/söla kuleh dous] — mit jdm abhängen

> *www.marcopolo.de/franzoesisch*

ACHTUNG: ¡SLANG!

causer/tchatcher [koseh/tschatscheh]	quatschen
faire le canard/dégoiser [fär lökanar/dehguaseh]	tratschen (wörtl.: die Ente machen)
affabuler/délirer/banave [afabüleh/dehlireh/banaw]	Quatsch reden
raconter des conneries [rakonteh deh konri]	Schwachsinn erzählen
mettre les pieds dans le plat [metr lehpieh danglpla]	ins Fettnäpchen treten
passer un coup de fil [paseh äng kudfil]	bei jdm durchklingeln
envoyer un texto/un smeus [angwojeh äng texto/äng smös]	jdm simsen
On se passe un coup de fil et on déjeune. [ongspas äng kudfil eh ong dehschön]	Wir telefonieren und machen was aus zum Mittagessen.
un rancard [äng rangkar]	ein Termin/ein Treffen

■ DAS GEFÄLLT...

C'est top/C'est le kif! [sehtop/sehlökif]	Das geht ab/Das rockt!
Trop cool! [trokuhl]	Klasse!
super-cool/ça déménage [süpärkuhl/sa dehmehnasch]	großartig/fantastisch
C'est le pied/d'enfer. [seh löpieh/dangfär]	Das ist die Krönung/die Crème.
péter un plomb [pehteh äng plong]	aus dem Häuschen sein

■ ...DAS LANGWEILT...

pas de quoi casser trois pattes à un canard [padkua kaseh truapat a äng kanar]	nichts Besonderes (wörtl.: kein Grund, einer Ente drei Beine zu brechen)
peigner la girafe/buller [pänjeh laschiraf/büleh]	nichts Sinnvolles machen (wörtl.: die Giraffe kämmen)
s'emmerder comme un rat mort [sanmerdeh komäng ramor]	sich zu Tode langweilen (wörtl.: sich wie eine tote Ratte langweilen)
C'est nul/Ça casse pas des briques [sehnül/sa kaspa dehbrik]	stinknormal (wörtl.: Das haut keinen Backstein klein)

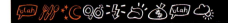

■ ...UND DAS NERVT

Ça craint/Ça me gave! [sa kräng/samgaw]	Das nervt!
n'importe quoi/tu déconnes/n'importe nawak [nämporte kua/tü dehkon/nämport nawuak]	Quatsch
raconter des bobards/mettre une disquette [rakonteh deh bobar/mätrün diskät]	Märchen erzählen
mon cul/des conneries [mongkü/deh konri]	Schwachsinn
Parle à mon cul, ma tête est malade. [parla mongkü, matät ehmalad]	absoluter Müll (wörtl.: Sag das meinem Hintern, mein Kopf schmerzt.)
nul/minable [nül/minabl]	grottenschlecht
Quel plan craignos! [kelplang kränjo]	Das ist ein ziemlicher Reinfall.
Ça fout les boules/les boules! [safu lehbul/lehbul!]	Was für ein Rückschlag!

■ SCHLECHT DRAUF?

être sur les rotules/rétamé/explosé [ätr sür lehrotül/rehtameh/exploseh]	fix und fertig/alle sein (wörtl.: auf den Kniescheiben gehen)
être dans les vap'/marcher au radar [ätr danglehvap/marscheh oradar]	nicht ganz auf dem Damm sein (wörtl.: im Dampf sein)
faire un somme [färäng som]	ein Nickerchen halten
pioncer/piquer un roupillon [piongseh/pikeh äng rupijong]	sich aufs Ohr hauen
se prendre un boque/être vert [söprandr ängbokb/ätr vär]	beleidigt sein
être vénère [ätr vehnär]	genervt sein (von énervé)
avoir les boules [awuar lehbul]	angepisst sein
être en rogne [ätr anronje]	eine Stinklaune haben
péter les plombs/un câble [pehteh leh plong/ängkabl]	die Beherrschung verlieren
avoir les jetons/la trouille [awuar leh schetong/latruij]	Bammel haben
faire dans son froc [fär dang songfrok]	vor Angst in die Hose machen
perdre son sang-froid [pärdr song sangfrua]	die Nerven verlieren

> *www.marcopolo.de/franzoesisch*

ACHTUNG: SLANG!

ESSEN

bouffer/grailler [bufeh/grajeh]	Essen
se faire une bouffe [söfär ünbuf]	mit jdm essen
le p'tit déj [lö ptidesch]	Frühstück
un casse-dalle [äng kasdal]	Sandwich
préparer un gueuleton [prehpareh äng gölton]	etwas Nettes kochen
un snack/un troquet [äng snak/äng trokeh]	Schnellimbiss
une baraque à frites [ün barak afrit]	Frittenbude
un chinois/un keun [äng schinua/äng kön]	chinesisches Restaurant
se faire un plan pizza [söfär äng plang pidsa]	Pizza essen gehen
J'ai la dalle/les crocs. [scheh ladal/lehkro]	Ich hab Appetit.
J'ai l'estomac dans les talons. [scheh lestoma danlehtalon]	Ich hab Kohldampf (wörtl.: Mir hängt der Magen in den Fersen)
bouffer sur le pouce [bufeh sürlö pus]	etwas verdrücken
s'en mettre plein la lampe [pläng lalangp]	sich den Bauch vollschlagen
Ça a un goût de revenez-y [saha ängu dö rövönehsi]	Das Essen ist superlecker.

AUSGEHEN

DRINKS

une mousse [ün mus]	ein Bier (wörtl.: Schaum)
un 51/un pastaga [äng sänkanteäng/äng pastaga]	ein Pastis
une tomate [ün tomat]	ein Pastis mit Grenadine
un panaché [äng panascheh]	Alster/Radler
un véritable [äng wehritabl]	eine Maß (1 Liter Bier)
un demi-pression [äng dömi präsiong]	ein Bier vom Faß (0,2l)
un demi sans faux-col [äng dömi san focol]	ein Bier vom Faß, randvoll
faire péter la roteuse [fär pehteh larotös]	Champagner spendieren
un ballon de rouge [äng balong dörousch]	ein Glas offener Rotwein
de la piquette/de la picrate [döla piket/döla pikrat]	Fusel

IN DER BAR/KNEIPE

le tabac/le bar-tabac [lö taba/lö bartaba]	Laden/Café mit Zigarettenverkauf
le troquet/le bistrot du coin [lö trokeh/lö bistro düküäng]	Kneipe/Stammkneipe
le PMU [lö peämü]	Kneipe mit Wettbüro (Pferderennen)
faire la tournée des bars [fär laturneh dehbar]	Kneipentour

afonner/boire cul-sec [afoneh/buar küsek]	in einem Zug austrinken
s'en jeter un derrière la cravatte [san scheteh äng däriär lakrawat]	ein schnelles Bier trinken (wörtl.: eins hinter die Krawatte werfen)
un p'tit coup pour la route [äng ptiku purlarut]	eins für den Weg
une nuit blanche [ün nüiblansch]	durchgemachte Nacht
gorille [gorij]	Türsteher (wörtl.: Gorilla)
bourré/plein à craquer [bureh/pläng akrakeh]	brechend/gerammelt voll
partir en piste [partir angpist]	tanzen gehen
J'connais une boîte d'enfer. [schkoneh ünbuat danfär]	Ich weiß 'nen coolen Club.
La zik est top/me kiffe [lasik ehtop/mö kif]	Geile Mucke!

■SPÄTER...■

être plein comme un coin/bourré comme un polac [ätr pläng komäng kuäng/bureh komängpolak]	sturzbetrunken (wörtl.: betrunken sein wie ein Pole)
avoir mal aux cheveux [awuar malo schöwö]	einen Kater haben (wörtl.: schmerzende Haare haben)
un pilier de bar [äng piljeh döbar]	ein Stammkunde (wörtl.: ein Thekenpfeiler)

■RAUCHEN■

des sèches [dä säsch]	Kippen/Fluppen
T'as pas une clope/une nuigrav' [ta pa ün klop/ün nüigraw]	Hast du mal 'ne Kippe?
taper une clop' à qqun [tapeh ün klop a kelkäng]	eine Kippe schnorren
fumer comme un pompier [fümeh komäng pongpjeh]	qualmen wie ein Schlot

MANN UND FRAU

■LEUTE■

mec/keum [mäk/köm]	Typ
gonze [gongs]	Kerl
gonzesse/meuf [gongses/möf]	Mädel
greluche [grölüsch]	Tussi
mon canard/mon chou [mongkanar/mongschu]	Schätzchen (männl.)
ma poule/ma puce/ma biche [mapul/mapüs/mabisch]	Schätzchen (weibl.)

> **www.marcopolo.de/franzoesisch**

ACHTUNG: ¡SLANG!

■ FLIRTEN UND MEHR... ■

craquer pour qqun [krakeh pur kelkäng]	jdn sehr cool/toll finden
faire du gringue [fär dugräng]	jdn anquatschen/jdn anmachen
rouler une pelle/un patin [ruleh ünpäl/äng patäng]	knutschen
sortir avec qqun [sortir awek kelkäng]	mit jdm gehen
avoir le béguin [awuar löbehgin]	schwer verliebt sein
bander/avoir la trique [bandeh/awuar latrik]	eine Latte haben
préso/imperméable [prehso/änpärmehabl]	Gummi, Präser
baiser/shek/niquer/s'envoyer en l'air [bäseh/schäk/nikeh/sangwuajeh anlär]	vögeln (wörtl.: sich in die Luft werfen)
draguer/brancher qqun [drageh/brangscheh kelkäng]	jdn abschleppen
poser un lapin à quelqu'un [poseh äng lapäng a kelkäng]	jdn versetzen (wörtl.: jdm ein Häschen hinlegen)
jetter qqun/larguer qqun/laisser en rade [schöteh kelkäng/largeh kelkäng/läsen engrad]	mit jdm Schluss machen (wörtl.: jdn wegwerfen)
enterrer sa vie de garçon [antäreh sawi dögarson]	Junggesellen-Abschied (wörtl.: sein Junggesellen-Leben begraben)
se passer la corde au cou [sö paseh lakord oku]	heiraten (wörtl.: den Kopf in die Schlinge stecken)
se ranger des voitures/se caser [sö rangscheh deh wuatür/sö kaseh]	ein Pantoffelheld sein/unterm Pantoffel stehen

SCHIMPFEN, LÄSTERN, FLUCHEN

■ STANDARDS ■

Bon Dieu/La vache! [bongdiö/lawasch]	Meine Güte!/Großer Gott!
Merde alors/Nom de Dieu! [märdalor/nong dö diö]	Verdammt (nochmal)!

Merde/Fait chier! [märd/fehschieh]	Mist!
Ta gueule/Ferme ta gueule/Ferme ton clapet! [tagöl/färm tagöl/färm tongklapeh]	Halt die Klappe!
Casse-toi/Barre-toi! [kastua/bartua]	Hau ab!
De l'air/Dégage/Va te faire foutre! [dölär/dehgasch/watfär futr]	Verzieh dich!
Laisse béton/Lache-moi! [läs behtong/lasch mua]	Vergiss es!/Du kannst mich mal!
C'est pas tes oignons! [sehpa tehsoanjong]	Das geht dich überhaupt nicht an!
se payer la tête/se foutre de quelqu'un [sä päjeh latät/sö futr dö kelkäng]	jdn veräppeln/verarschen (wörtl.: den Kopf von jdm kaufen)
être langue de vipère/langue de pute [ätr lang döwipär/ätr langdöpüt]	über jdn lästern (wörtl.: eine Natterzunge haben)

■ SPINNER UND TROTTEL

un geek/un nerd [äng gihk/äng nörd]	(Computer-)Nerd/Streber
un bouffon/une tache [äng bufong/ün tasch]	Trottel/Pappnase
tête de noeud/un nain [tät dönö/äng näng]	Vollidiot (nain wörtl.: Zwerg)
un zigoto/un dingue/un maboul [äng sigoto/äng dängh/äng mabul]	ein Verrückter
Il capte que dalle! [il kapt ködal]	Er hat keine Ahnung.
être bête comme ses pieds [ätr bät komseh pjeh]	keinen blassen Schimmer haben (wörtl.: dumm wie seine Füße sein)
être con comme un balais [ätr kong kom äng baläh]	dumm wie Stroh (wörtl.: wie ein Besen)
Il est à côté de ses pompes. [ileh akoteh döseh pongp]	Er ist nicht ganz dicht. (wörtl.: Er ist neben seinen Schuhen.)
Il a une araignée dans le plafond/Il lui manque une case [ila ün aränjeh danlplafon/il lüi mangk ünkas]	Er hat nicht mehr alle Tassen im Schrank. (wörtl.: Bei ihm hängt eine Spinne an der Decke)
Il a pété les plombs/il délire/il est grave [ila pehteh lehplong/il dehlir/ileh graw]	Er ist übergeschnappt/durchgedreht.
Il est à côté de la plaque. [ileh akoteh dölaplak]	Er ist ein Trottel.
Il est complètement ravagé [ileh konplätmang rawascheh]	Er hat einen totalen Dachschaden.
être déjanté/à la masse [ätr dehschanteh/alamas]	total verrückt sein

■ MEHR BELEIDIGUNGEN

Tu me saoules! [tümsuhl]	Du gehts mir auf den Keks! (wörtl.: Du machst mich betrunken)
casser les pieds/les couilles [kaseh lehpjeh/lehkuj]	total nerven

> *www.marcopolo.de/franzoesisch*

ACHTUNG: iꘐNA⅂S

une grande gueule [ün grand göl]	große Klappe und nix dahinter
Quel connard/Tête de con! [käl konar/tät dökon]	Was für ein Depp!
jurer comme un charretier [schüreh komäng scharatieh]	schrecklich ordinär sein
Nique ta mère/Nique ta reum! [niktamär/niktaröm]	Verzieh dich!
Va voir ta mère au zoo! [wawuar tamär oso]	Zieh Leine! (wörtl.: Besuch deine Mutter im Zoo)
une chieuse/un chieur [ün schiös/äng schiör]	Spielverderber
couille-molle/tapette [kujmol/tapet]	Weichei/Warmduscher
un lèche-cul [äng läschkü]	Arschkriecher
un je-sais-tout [äng schösätu]	Klugscheißer (wörtl.: ich-weiß-Alles)
un fouille-merde/un emmerdeur [fujmärd/anmärdör]	Unruhestifter, Aufrührer
un voyou/une brute [äng woaju/ün brüt]	Rüpel/Rowdy
un beauf/un jacky [äng bohf/öng schaki]	Proll (beauf wörtl.: Schwager)

UNAPPETITLICHES

J'ai un besoin urgent [schä äng bösuäng ürschang]	Ich muss mal.
les chiottes/les gogues [leh schiot/leh gog]	Klo
pisser/faire pisser mirza/faire pleurer la gosse [piseh/fär piseh mirsa/fär plöreh lagos]	pinkeln (wörtl.: das Mädchen zum Weinen bringen)
chier/caguer/démouler/couler un bronze [schieh/kageh/dehmuleh/kuleh äng brons]	kacken
avoir la courante/la chiasse/la tourista [awuar lakurant/la schias/la turista]	Dünnpfiff haben
péter/lacher une caisse/louffer [pehteh/lascheh ünkäs/lufeh]	einen fahren lassen
roter [roteh]	rülpsen
J'ai les dents du fond qui baignent [scheh lehdan düfon kibänj]	Mir steht's Oberkante Unterlippe (Mir ist kotzübel).
dégueuler/dégobiller [dehgöleh/dehgobijeh]	sich übergeben

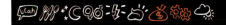

GELD

■ KOHLE

le blé/les thunes/le flouze [löbleh/leh tün/löflus]	Kohle/Knete/Kies/Moos
un zeuro/un dollar [äng zöro/äng dolar]	ein Euro
dix/cent balles [di/sang bal]	zehn/hundert Euro
des biftons [dä biftong]	Geldscheine
de la monnaie [döla monä]	Kleingeld
des pièces jaunes [deh piäs schohn]	Kupfermünzen
le morlingue [lö morläng]	die Brieftasche
un D.A.B/un bancomat [äng deabe/äng bankomat]	Geldautomat
T'as pas cent balles? [tapa sang bal]	Haste mal n' Euro? (wörtl.: Hast du mal hundert Bälle?)

■ HABEN ODER NICHT

un max' de blé [äng max döbleh]	fette Kohle (wörtl.: viel Weizen)
un paquet de biftons [äng pakäh biftong]	ein Haufen Geld
être plein aux as [ätr pläng osas]	stinkreich sein
avoir les poches pleines de thunes [awuar lehposch plän dötün]	in Geld schwimmen
se faire un max' de blé [söfär ängmax döbleh]	ein Schweinegeld verdienen
être radin/rapiat [ätr radäng/rapia]	geizig, knauserig sein
avoir les poches profondes/des oursins dans les poches [awuar lehposch profond/dehsursäng danlehposch]	Geizhals/Geizkragen (wörtl.: Seeigel in den Taschen haben)
être fauché comme les blés [ätr foscheh kom lehbleh]	knapp bei Kasse/pleite sein

■ KOSTEN ODER NICHT

Voilà la douloureuse [woala ladulurös]	Hier kommt die Rechnung. (wörtl.: die Schmerzhafte)
C'est vachement salé! [seh waschman saleh]	Das ist aber happig.
coûter la peau des fesses [kuteh lapoh dehfäs]	ein Vermögen kosten
Tu t'es fait avoir! [tü tehfeh awuar]	Du hast dich reinlegen lassen!
Il t'a bien eu [il ta biäng ü]	Der hat dich ganz schön reingelegt
une super-occase [ün supär okas]	ein Schnäppchen
coûter trois francs six sous [kuteh trua frang sisu]	spottbillig sein (wörtl.: drei Francs und sechs Sous kosten)
coûter trois fois rien [kuteh trua fua riäng]	'nen Appel und 'n Ei kosten
à l'œil [alöj]	umsonst

> *www.marcopolo.de/franzoesisch*

ACHTUNG: SLANG!

■ AUSGEBEN UND EINNEHMEN

se faire plumer comme un poulet [söfär plümeh kom äng puleh]	zuviel bezahlen (wörtl.: gerupft werden wie ein Hähnchen)
jetter l'argent par les fenêtres [scheteh larschan parleh fönätr]	Geld zum Fenster rausschmeißen
laisser tout son blé au zinc [lässeh tut songbleh osänk]	sein Geld versaufen (wörtl.: seinen Weizen an der Theke lassen)
bazarder quelque chose [basardeh kelkeschohs]	etwas verscherbeln/verticken
faucher/tirer/carotter [foscheh/tireh/caroteh]	etwas abstauben
arnaquer quelqu'un [arnakeh kelkäng]	jemanden abzocken

ARBEIT

bosser comme un fou [boseh komäng fu]	sich ins Zeug legen
être un bourreau de travail [äträng buro dötrawaij]	rankklotzen
J'ai la cote avec mon chef. [schälakot awek monschäf]	Ich hab bei meinem Chef einen Stein im Brett.
une rallonge [ün ralonschj]	Gehaltserhöhung
crouler sous le boulot [kruleh sulö bulo]	in Arbeit versinken
se tuer au boulot [sö tüeh obulo]	sich totarbeiten
un jeu d'enfant/fastoche [äng schö dangfang/fastosch]	ein Kinderspiel
les doigts dans le nez [leh dua danglneh]	Pillepalle (wörtl.: Finger in der Nase)
se la couler douce [söla kuleh dus]	eine ruhige Kugel schieben
coincer la bulle [kuängseh labül]	es langsam angehen lassen
c'est la mine! [seh lamin]	Tretmühle (wörtl.: Bergwerk)
une voie de garage [ün wua dögarasch]	Job ohne Aufstiegsmöglichkeiten (wörtl.: Abstellgleis)
se faire porter pâle [söfär porteh pal]	blaumachen/krankfeiern (wörtl.: bleich im Gesicht spielen)
bosser à la zeub [boseh alasöb]	Pfusch

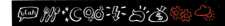

perdre les pédales [pärdr leh pehdal]	die Kontrolle verlieren
aller de travers [alleh dötrawär]	schief gehen
foirer/louper/queuter [fuareh/lupeh/köteh]	daneben gehen/in die Hose gehen
planter/foutre en l'air [plangteh/futranglär]	vermasseln/in den Sand setzen
chier dans la colle [schieh danglakol]	versauen (wörtl.: in den Leim scheißen)
sonner les cloches à quelqu'un [soneh läklosch a kelkäng]	jdm eine Standpauke halten (wörtl.: jdm die Glocken läuten)
engueuler quelqu'un [angöleh kelkäng]	jdn zusammenfalten
se faire virer/lourder [söfär wireh/lurdeh]	rausgeschmissen werden
une charette [ün scharet]	eine Entlassungswelle
la boîte [la buat]	die Firma (wörtl.: die Büchse)
la cantoche/le self [la kantosch/lö sälf]	Kantine/Selbstbedienungsrestaurant

WETTER

Il caille/Il fait pas chaud [ilkaj/ilfeh paschoh]	Es ist ganz schön frisch.
Il fait un froid de canard! [ilfeh ängfrua dökanar]	Es ist saukalt draußen!
Il pleut des cordes [ilplö däkord]	Es regnet Bindfäden.
Il pleut comme vache qui pisse. [ilplö komwasch kipiss]	Es schifft. (wörtl.: Es regnet wie eine pissende Kuh.)
être trempé jusqu'aux os [ätr trangpeh schüskosoh]	klatschnass sein (wörtl.: bis auf die Knochen nass sein)
être trempé comme une soupe [ätr trangpeh kömün sup]	wie ein begossener Pudel aussehen
un pébroc [äng pehbrok]	Schirm
un imper' [äng impär]	Regenmantel
On crève de chaud. [onkräv döscho]	Es ist tierisch heiß.
une chaleur de bête [ün schalör döbät]	eine Bullenhitze
se dorer la pilule [sö doreh lapilül]	ein bisschen Sonne tanken
être rouge comme un homard [ätrusch komäng omar]	krebsrot sein
Tes radars ont la cote! [teh radar onglakott]	Coole Sonnenbrille!

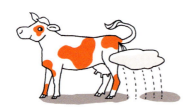

> www.marcopolo.de/franzoesisch